AF537595

BARBARA SALADIN

Mörderisches Baselbiet

TRÜGERISCHES IDYLL Was ist nur mit dem Baselbiet geschehen? »Vo Schönebuech bis Ammel, vom Bölche bis zum Rhy« treiben Kriminelle, Rächer und Entführer ihr Unwesen, eifersüchtige Jäger greifen zur Flinte und erbitterte Feinde trachten sich gegenseitig nach dem Leben. Wenn dann noch der Geist eines Ermordeten aus seinem Badebottich steigt und um den Aussichtsturm streift und sich auf einer Kuhweide im Naherholungsgebiet die tödlichen Freizeitunfälle häufen, dann ist's definitiv vorbei mit der Idylle im Landkanton.

In elf abwechslungsreichen Kurzkrimis schüttelt die Autorin Barbara Saladin ihre Heimat Basel-Landschaft gehörig durch – mal subtil und mal skurril, mal tiefgründig und mal rasant. Ein spannendes Lesevergnügen, gewürzt mit überraschenden Wendungen, scharfen Beobachtungen und viel Lokalkolorit. Neben den Kurzkrimis laden 125 spannende Freizeittipps im Baselbiet und seiner Umgebung zum Entdecken eines Kantons ein, der völlig zu Unrecht als weisser Fleck auf der touristischen Landkarte gilt.

© privat

Barbara Saladin, geboren an einem Freitag, den 13., im Jahr 1976 in Liestal, lebt als freie Autorin im Oberbaselbiet. Sie schreibt vor allem Kriminalromane, Kurzgeschichten, Theaterstücke und Sachbücher. Als freischaffende Journalistin ist sie in der Nordwestschweiz und darüber hinaus unterwegs. Sie fotografiert, lektoriert, ist Freelancerin im Kulturbereich, und auf Auftrag textet sie auch. Vor einigen Jahren realisierte sie mit »Welthund« den ersten Oberbaselbieter Kinofilm aller Zeiten. Seit einem Krimi-Stipendium auf Juist ist sie – literarisch gesehen – sowohl in den Baselbieter Jurahügeln als auch an der Nordseeküste zu Hause. 2017 wurde Barbara Saladin mit dem Kantonalbankpreis in der Sparte Kultur ausgezeichnet. www.barbarasaladin.ch

Bisherige Veröffentlichungen im Gmeiner-Verlag:
Mörderisches vom Rhein (2019, zus. mit Nadine Buranaseda, Anne Grießer)

BARBARA SALADIN

Mörderisches Baselbiet

11 Krimis und 125 Freizeittipps

GMEINER SPANNUNG

Bei Fragen zur Produktsicherheit gemäß der Verordnung über die allgemeine Produktsicherheit (GPSR) wenden Sie sich bitte an den Verlag.

Gefällt mir!

Facebook: @Gmeiner.Verlag
Instagram: @gmeinerverlag
Twitter: @GmeinerVerlag

Besuchen Sie uns im Internet:
www.gmeiner-verlag.de

Im Ehnried 5, 88605 Meßkirch
Telefon 07575/2095-0
info@gmeiner-verlag.de

Lektorat: Claudia Senghaas, Kirchardt
Herstellung: Mirjam Hecht
Kartendesign: Barbara Saladin
Umschlaggestaltung: U.O.R.G. Lutz Eberle, Stuttgart
unter Verwendung eines Fotos von © Barbara Saladin
Druck: Libri Plureos GmbH, Friedensallee 273,
22763 Hamburg
Printed in Germany
ISBN 978-3-8392-2324-6

Personen und Handlung sind frei erfunden.
Ähnlichkeiten mit lebenden oder toten Personen
sind rein zufällig und nicht beabsichtigt.

INHALT

Ammel
Bölche
Sissach
Waldenburg
Liestal
Arlesheim
Rhy
Laufen
Schönebuech
Roggeburg

WAIDMANNS UNHEIL

Die Musik dröhnt in den Ohren, und das Trommelfell kitzelt den Takt dazu. Zum Davonlaufen! Der Sound wütet in der Magengrube, und dass irgendwo eine Boxe kaputt zu sein scheint und scheppert, stört offenbar niemanden. Dabei ist das eine Zumutung für alle, die akustisch gesehen keine Freunde von Presslufthämmern oder Fussballstadien sind. Also zum Beispiel für Adrian. Grimmig hält er sich an seiner Stange Lagerbier fest und versucht, sein Unbehagen so gut es geht hinunter zu spülen. Nein, er mag es nicht hier in dieser Kellerbar, in der früher wohl mal Kartoffeln gelagert wurden und wo heute die Leute einander Banalitäten an den Kopf werfen, schreiend, weil sie hoffen, so die Musik übertönen zu können.

Aus eigenem Antrieb kommt Adrian nie hierher, wieso sollte er auch. Er kennt hier niemanden. Eigentlich kennt er sowieso nicht viele Leute. Will er auch nicht; vor allem nicht die Lauten und die Mühsamen und die Neuzuzüger. Und all jene, die so bescheuerte Musik mögen wie die, die hier läuft: Alles schnell und geschrien und Englisch, da versteht man ja kein Wort.

Adrian nimmt einen kräftigen Schluck und ordert bei der Frau hinter der Bar, der eine tätowierte Rose aus dem Dekolleté wächst, ein weiteres Bier. In seinem Hinterkopf ermahnt ihn zwar eine Stimme, besser nüchtern zu bleiben, aber diese Stimme bringt er ziemlich schnell zum Schweigen. Wenn er schon hier sitzen und warten muss, um zu erfahren, ob seine Jasmin sich abends tatsächlich heimlich mit dem Michi im Schummerlicht dieser Bar trifft, kann er sich geradeso gut die Kante geben.

Eigentlich will Adrian es gar nicht wissen. Weil er Angst hat davor, dass es stimmen könnte, was der Sämi ihm am Nachmittag gesagt hat, als er ihn in der Begegnungszone im Sissacher Dorfkern getroffen hat. Naja, dort begegnet man eben auch jenen, denen man lieber nicht über den Weg laufen würde, und mit den 20 Stundenkilometern, die man dort höchstens fahren darf, kommt man auch im Auto nicht schnell genug weg.

Als Sämi so zielstrebig auf ihn zugeschritten ist, hat Adrian zuerst gemeint, der Wildhüter wolle ihm mal wieder ins Gewissen reden im Zusammenhang mit dem Umstand, dass ihm sein Jagdpatent vor ein paar Jahren aberkannt worden war. Er hatte halt die Schonzeiten mehrmals nicht eingehalten, und auch danach, als er schon nicht mehr jagen durfte, na ja, seine Flinte vielleicht nicht immer so ganz zu 100 Prozent im Schrank stehen lassen. Aber wie soll er sich denn sonst bitteschön gegen die Wildsauen wehren, die ihm das Feld oben am Waldrand Richtung Bischofstein [1] regelmäßig umpflügen und ihm die Frucht zerstören?

Diesmal war es allerdings anders. Da wollte der Sämi den Adrian nicht zur Vernunft aufrufen oder mit einer Anzeige drohen, wenn er das Jagen nicht endlich lasse, sondern er wollte ihm – in aufrichtiger Freundschaft, wie er ihm versicherte – mitteilen, dass womöglich eine ganz andere Jagd am Laufen sei. In seinem Revier, aber nicht oben am Waldrand. Habe er gehört. Und in dieser Geschichte sei quasi die Jasmin das Wild und der Michi der Oberjäger.

Ausgerechnet der Michi, der Weichling! Ein ehemaliger Kollege einer benachbarten Jagdgesellschaft, der kaum je ein Tier schießt, weil er zu langsam ist und zu zögerlich und sowieso keine Eier hat.

Schon allein der Gedanke daran, dass seine Jasmin einen anderen Mann haben könnte, treibt Adrian kochendes Blut in die Adern, und fast fühlt er den Rauch aus seinen Ohren steigen.

Deswegen ist er nun hier, und er findet es schlimm. Nicht nur das Warten an sich hält er fast nicht aus, sondern auch, dass die Leute um ihn herum alle so gut drauf zu sein scheinen. Er, der von morgens früh bis abends spät krampft, ist abgekämpft und mürrisch, während all die anderen voller Energie zu stecken scheinen. Hallo? Es ist Freitagabend, haben die denn die ganze Woche nichts gearbeitet?

Vielleicht ist es auch ganz gut, dass die Musik so laut ist, grummelt er vor sich hin. So kann er das Gerede der anderen nicht verstehen, und die sind so mit Schreien beschäftigt, dass er nicht auffällt. Und er soll ja nicht auffallen, wenn er hier lauern will, bis – falls Sämis Aussage stimmt – seine Frau und deren mutmaßlicher Liebhaber hier aufkreuzen und sich in trügerischer Sicherheit wiegen. Dann wird seine Zeit gekommen sein, und er wird aufstehen und dem Michi so lange eine runterhauen, bis dieser winselt und seine Zähne einzeln vom bierverklebten Boden klauben kann.

Adrian suhlt sich ein wenig im Ausschmücken seiner Rache, gegen die alle Folterinstrumente im Henkermuseum [2] in der Nähe nur Kinderspielzeuge sind. Eine andere Beschäftigung gibt es hier für ihn nicht, während er sich an eine weitere Stange klammert und die Bässe aus den Boxen seine Eingeweide malträtieren.

Aber an diesem Abend tauchen weder Michi noch Jasmin auf. Vielleicht hat Sämi sich geirrt, denkt Adrian, was ihn allerdings nicht beruhigt. Er ist ziemlich betrunken, als er in seinen Subaru steigt, den er unauffällig auf einem dieser leicht versteckten Parkplätze zwischen dem Bahnhof und dem Cheesmeyerhaus 3 abgestellt hat, und auf den Hof zurückkehrt. Er setzt sich noch lange in den Stall zu seinen Kühen, die friedlich vor sich hin kauen. Der Vollmond steht hoch über der Sissacher Fluh 4. Erst als ihm fast die Augen zufallen, betritt Adrian die Wohnung und schlüpft ins Bett zu seiner Frau. Da ist sie ja. Von wegen mit Michi unterwegs. Im Schlaf dreht sie sich von ihm weg. Vielleicht ist es ja nicht so, dass sie ihn nicht mehr liebt, denkt er, nachdem er erfolglos versucht hat, ihr etwas Nettes ins Ohr zu flüstern. Vielleicht stinkt er einfach zu stark nach Alkohol.

Blumenkohl: Aktion. Chicorée: 20 Prozent günstiger. Fenchel: drei für zwei. Eisbergsalat: Greifen Sie zu!

Alles nichts für ihn. Lustlos schiebt Michi den Einkaufswagen durch die engen Gänge des Großverteilers, von dessen Regalen ihn auch nach dem hastigen Durchqueren der Gemüseabteilung unzählige überflüssige Dinge zu belauern scheinen. Michi mag das Einkaufen nicht, aber es gehört zu den Dingen, denen er halt nicht ausweichen kann. Sein Lohn als Linienbusfahrer reicht einfach nicht aus, um sich permanent in der Beiz zu ernähren – das heißt, er würde reichen, wenn die Alimente nicht wären, die über die Hälfte seines Verdiensts ausmachen, noch bevor er einen Rappen davon gesehen hat.

Michi beeilt sich, seinen düsteren Gedanken zu entfliehen. Schnell geht er zur Kasse und legt zwei Brötchen, eine Packung Salami, ein Sixpack Bier und drei jener Fertiggerichte aufs Band, die auch jemand kochen kann, der nicht kochen kann.

Draußen empfängt ihn milde Märzenluft. Heute hat Michi seinen freien Tag und muss glücklicherweise mittags keine Sekundarschüler nach Hause fahren, wo sie in kleinen Dörfern in großen Einfamilienhäusern leben und sich rasch an den gedeckten Familientisch setzen, bevor sie sich zurückchauffieren lassen in den Bezirkshauptort, cool und gelangweilt und ohne jedes Verständnis dafür, dass ihre ausgelatschten Turnschuhe auf dem Sitzpolster von Michis Bus nichts verloren haben.

Michi fährt lieber die Kurse während des Morgens oder mitten im Nachmittag, dann sind die Pendler und die Schüler durch, und es warten nur die alten Frauen mit ihren Schottenmuster-Einkaufswagen an den Haltestellen. Dann wird noch gegrüßt und einen schönen Tag gewünscht, und sonst hat er seine Ruhe.

Ruhe hat er auch, wenn er sich in sein Auto mit Vierradantrieb setzt und rausfährt in die ausgedehnten Hügel, um sich irgendwo auf die Lauer zu legen, weit weg von den ausgetretenen Wanderwegen, auf denen sich die Hündeler tummeln. Er hat so seine Orte, an denen er sich am liebsten aufhält und wartet, auf Rehe oder noch besser Gämsen, deren Bestand seit Jahrzehnten wächst und die bereits den gesamten südlichen Teil des Kantons bevölkern. Meistens beobachtet er sie nur und schießt nicht, obwohl er die Flinte natürlich immer dabei hat. Beim Wildblick nahe der Lauchfluh 5 zum Beispiel kann man manchmal ganze Gruppen von Gämsen beobachten, die sich auch von Wanderern kaum stören lassen.

Momentan denkt Michi aber nicht an die Gämsen. Er überlegt sich auch nicht, was er mit seinem freien Tag anfangen soll, sondern er würde am liebsten gleich zu Jasmin fahren. Aber er fürchtet sich, auf dem Hof deren Mann zu begegnen, und dann hätte er keine Erklärung für sein Aufkreuzen und würde ins Stottern geraten.

Er will zu ihr, nur zu ihr. Schon oft hat er den Entschluss gefasst, sich eine neue Wohnung zu suchen und aus seiner kleinen Dreizimmerwohnung auszuziehen, die er nach der Trennung von Anja vor drei Jahren bezogen hat und die so starr und leblos wirkt. Aber er hat es nie geschafft. Und jetzt, ja jetzt will er eigentlich sowieso am liebsten mit Jasmin zusammen ziehen. Wenn sie denn endlich den Schritt wagt, den Adrian zu verlassen und damit einen Schlussstrich unter ihre längst ausgelaugte, trostlose Ehe zu ziehen. Hofft er. Doch vorhin hat er einen Anruf erhalten. Ein Kamerad hat ihm gesagt, der Adrian habe ihm gestern erzählt, dass er den Stall umbaue, um auf Fleischrassen umzusatteln.

»Der Kerl investiert in die Zukunft«, hat der Kamerad gesagt, und ein besorgter Unterton hat in seiner Stimme mitgeschwungen, »und diese Zukunft gestaltet er gemeinsam mit der Jasmin, wenn du jetzt nicht Nägel mit Köpfen machst. Waidmanns Heil!«

Diese Mitteilung hat den Boden unter Michis Füßen zum Schwanken gebracht. Er muss wissen, was Sache ist, muss wissen, ob er mit Jasmin rechnen kann. Sie hat ihm doch ihre Liebe geschworen, und noch einmal sitzen gelassen werden, das erträgt er nicht. Das hat die Anja schon getan, und nun zapft sie nur von ihm Geld ab, ohne dass er seine beiden kleinen Kinder je wieder zu Gesicht bekommen würde.

Verzweifelt drückt er so lange auf die Wahlwiederholtaste seines Handys, bis Jasmin endlich abnimmt.

»Was ist los, ist etwas passiert?«

»Ich muss mit dir reden. Wo bist du, Liebling?«, fragt er atemlos.

»Bei der Scheune, wieso?«

»Allein?«

»Natürlich. Wie sonst?«

Er sagt, er müsse sie sofort sehen, und sie antwortet, dann solle er doch raufkommen zu ihr. Er kennt den Ort, er weiß, was sie mit der Scheune meint, denn sie waren schon oft gemeinsam dort für ein paar ungestörte Stunden: eine heruntergekommene, mindestens 200 Jahre alte Feldscheune [6] auf einer abgelegenen Bergwiese, erreichbar nur über schmale, unbefestigte Straßen, die ins Nirgendwo des Faltenjuras führen und die jeder Wolkenbruch neu modelliert. Manchmal hat Adrian im Sommer ein paar Rinder dort untergebracht, weil das Land und die Scheune seinem Großonkel gehören, der unten in Waldenburg [7] wohnt und regelmäßig zum Vich schaut. Aber jetzt ist noch nicht Sommer, und jetzt ist da nichts.

Michi ist den Weg zu der Scheune schon oft gefahren, aber noch nie so schnell wie heute. Er fliegt förmlich über die Autobahnauffahrt auf die A 2. Als er an der Fahne des Zunzger Büchels [8] vorbeiflitzt, die im Westwind flattert, hat er bereits mehr als ein halbes Dutzend Lastwagen überholt. Später rast er die kurvige Straße hinauf über den Chilchzimmersattel [9], wo zum Glück weniger Verkehr herrscht und auch keine Lastwagen unterwegs sind. Dafür ein Traktor, der ihm auf der engen Fahrbahn entgegenkommt und ihn zum Abbremsen zwingt. Sonst ist er fast der Einzige, der hier unterwegs ist, nur auf der Passhöhe, wo ein Weg zu den alten Schützengräben [10] aus dem Ersten Weltkrieg führt, haben die Ausflügler den kleinen Parkplatz zugeparkt.

Auch auf der rasanten Fahrt den Berg hinunter durch

den Weiler Schönthal [11], durch Langenbruck [12] und Richtung Oberer Hauenstein [13] reduziert Michi die Geschwindigkeit nicht wegen Tempolimits, sondern höchstens, um den Flug über die nächste Kurve hinaus in eine Felswand, ein Bachbett, eine Kuhweide oder eine Hausmauer zu verhindern.

Kurz vor Michis Ziel des Verlangens quäkt Beatrice Egli aus dem Autoradio. Michi mag die ganzen Dinge mit Liebe und Herz zwar nicht mehr hören, aber etwas hindert ihn dennoch daran, Beatrice zum Schweigen zu bringen. Es ist, als hätte sie insgeheim Macht über sein Tun erlangt. Wie die Jasmin. Wyyberpack.

Als er den Wald hinter sich lässt, das Sträßchen sich zwischen einem Bachtobel und einer steilen Weide hochschlängelt und der Fernblick sich auftut vom schroffen Felsmassiv der Gerstelfluh [14] bis rüber zum Schwarzwald in der Ferne, denkt er einen kurzen Moment an die Gämsen. Das Kontingent, das zum Abschuss frei ist, ist äußerst klein, aber irgendwann wird auch er eine schießen. Und dann wird er den Schädel mit den Hörnern präparieren lassen und an die Wand hängen: an die Wand der neuen Wohnung, die er mit der Jasmin beziehen wird, wenn …

Der Zweifel, ob an dem Gerücht was dran ist, das er vom Sämi vernommen hat, nagt an ihm und lässt seinen Fuß schwerer aufs Gaspedal drücken. Als er die Feldscheune erreicht, die auf einer Wiese inmitten von Holunderbüschen und Brombeerranken steht wie in einer anderen Welt, sieht er schon das Auto. Jasmin hat offenbar den Subaru ihres Mannes genommen. Michi steigt aus und wirft die Autotür zu.

»Hallo, Liebling«, ruft er. Er will glücklich klingen, doch seine Stimme verrät, dass es anders ist.

»Jasmin! Schätzli! Wo bist du?«

Michi wundert sich, dass Jasmin nicht bereits vor der Hütte auf ihn gewartet hat, und sowieso wundert er sich, was sie überhaupt hier oben macht, wo doch noch gar keine Rinder auf der Weide sind. Dann hört er Schritte im Innern. Endlich, denkt er.

Doch es ist nicht die Jasmin, die die Tür öffnet. Vor ihm steht der Adrian. Mit zornesrot angelaufenem Kopf. Reflexartig macht Michi einen Schritt zurück.

»Du hinterlistiger Lump, wusst' ich's doch!«, schreit Adrian.

»Es ist nicht so, wie du denkst«, will Michi antworten – das sagen sie doch in den Filmen immer, wenn sie in ungeschickten Situationen ertappt werden –, doch ein Blick auf Adrians Hände lässt ihn augenblicklich umdenken. Denn darin liegt dessen Jagdflinte. Und ihr Lauf ist auf Michis Brust gerichtet.

»Du … du darfst aber nicht mehr jagen, du hast doch das Patent abgeben müssen«, stammelt er. Als ob das jetzt wichtig wäre.

»Saucheib, verdammter! Ich wildere nur Tiere, du aber wilderst bei den Weibern. Du wirst die Finger von meiner Frau lassen!«, geifert Adrian. Um seine Worte zu unterstreichen, hebt er den Lauf und zielt direkt in Michis Gesicht. Mit einem Hechtsprung rettet dieser sich zurück in sein Auto, wo am Beifahrersitz seine Jagdflinte lehnt.

»Das werde ich nicht tun. Niemals!«, schreit er und fragt sich gleichzeitig, woher er diesen Löwenmut hat, sich überhaupt zur Wehr zu setzen.

»Doch, das wirst du!«

Beides sind sie nicht Männer der großen Worte. Sondern der Tat. Synchron entsichern sie ihr Gewehr. Einen

Moment lang scheint die Welt stillzustehen, wie bei einem Duell auf einer staubigen Straße im Wilden Westen, über der unheilschwanger die heiße Luft flirrt – aber dort gibt es keine Juraberge und keine Feldscheunen, an deren brüchige Mauerecken gelbe Wanderwegrhomben gepinselt wurden. Dann peitschen, Sekundenbruchteile nacheinander, zwei Schrotsalven durch die ländliche Idylle. Beide Männer sacken zusammen. Jeder wollte der Schnellere sein. Jäger und Gejagter. Wobei beide beides waren.

Irgendwann ist das Grollen eines Flugzeugs, das im Landeanflug auf den Euro Airport dröhnend den Himmel nach Nordwesten durchmisst, das einzige Geräusch weit und breit. Sonst herrscht Stille. Das Röcheln ist weg, das Stöhnen auch. Nur irgendwo schmettert ein Zaunkönig. Adrian hat es noch zwei Meter weit geschafft, robbend, zurück Richtung Scheune bis fast zur Türschwelle, bevor er aufgehört hat, sich zu bewegen. Michi sitzt immer noch im Auto.

Erst als sie ganz sicher ist, dass keiner der zwei mehr am Leben ist, klettert Jasmin hinter einer Holzbeige mit Buchenholz des letzten Winters hervor, tritt vor die Scheune und schaut sich die Bescherung an.

Es musste so kommen.

Dann schleift sie Adrians Körper die paar Meter zur Felswand, die unweit der Scheune im dichten Wald abfällt. Dort unten gibt es einen breiten Spalt im karstigen Gestein, das weiß sie. Sie weiß auch, wo genau sie den Leichnam hinunterrutschen lassen muss, damit er den Schlund nicht verfehlt. Erst letzten Herbst hat Adrian an dieser Stelle wieder ein kurz nach der Geburt verendetes Kalb entsorgt, nicht das erste Mal. Das Schreien der Kuh hallt Jasmin noch heute in den Ohren nach.

Nun kommt Adrian zu dem Kalb dazu. Und zur Sicherheit rutscht auch seine Flinte hinterher, damit es immer noch nach Selbstmord mit anschließendem Absturz aussehen kann, sollte er trotz allem je gefunden werden.

Mit diesem Gewehr hat Adrian genug gewildert, denkt Jasmin, und unzählige Wildschweine, Gämsen und Rehe hat er damit erlegt. Und einen Widersacher. Irgendwie eine Ehre, wie sehr er für sie gekämpft hat. So viel Entschlossenheit hätte sie ihm gar nicht zugetraut.

Zurück vor der Scheune wirft Jasmin einen letzten Blick auf Michi. Zusammengesunken hängt er im Fahrersitz. Kein schöner Anblick; der Schrot hat ganze Arbeit geleistet. Die Flinte liegt in seinen Händen, als wolle er sich damit immer noch verteidigen.

Das kommt davon, wenn zwei Kontrahenten zusammentreffen, die beide gut schießen können.

Jasmin prüft die Situation. Sie hat Glück, auch das wird klappen. Sie startet das Autoradio, nimmt den Gang raus und löst die Handbremse. Während Michis Wagen langsam über die von den Kühen terrassierte Wiese rückwärts rollt, beginnt DJ Ötzi unter Hammerschlägen einen Stern hoch am Himmel zu besingen, der deinen Namen trägt. Keine zehn Sekunden später hat das Auto ein beachtliches Tempo erlangt, es holpert auf die enge Waldstraße zu, durchbricht einen Stacheldrahtzaun und springt dann fast schon elegant über die Straße hinaus ins Leere. Als es ins Bachtobel stürzt, verschwindet es auch aus Jasmins Blickfeld. Nur noch das Krachen berstender Äste und den dumpfen Knall kann sie hören, als das Fahrzeug von einem stattlichen Baumstamm aufgehalten wird.

Als sie die Rauchfahne aus der engen Schlucht hochsteigen sieht, weiß sie, dass sie keine Zeit mehr zu verlieren hat. Sie springt in Adrians Subaru und fährt hinunter ins Tal.

Michis schrecklicher Tod ist Gesprächsthema Nummer eins am nächsten Tag, sowohl in seinem Kollegenkreis als auch bei den Jungs des Feuerwehrverbunds, die in der Beiz immer wieder von dem Gestank und dem fürchterlichen Bild erzählen, das sich ihnen bot, als sie zum Brandort kamen. Natürlich war es für das arme Opfer längst zu spät und das Auto vollständig ausgebrannt. Um Michi zweifelsfrei identifizieren zu können, muss zuerst ein DNA-Vergleich her. Alle sind schockiert und fragen sich, wie dieser schlimme Selbstunfall geschehen konnte.

Von Adrians Verschwinden hingegen merkt vorerst keiner was. Jasmin führt den Hof weiter und schaut zu den Kühen. Niemand stellt Fragen. Der Fahrer des Milchtransporters ist der Einzige, der ihm einen Gruß ausrichten lässt.

Erst nach vier Tagen taucht Jasmin mit verschmierter Wimperntusche auf dem Polizeiposten in Sissach auf und gibt eine Vermisstenanzeige auf. Zurück auf dem Hof ruft sie den Wildhüter an und bestellt ihn zu sich.

»Alles in Ordnung, mein Schatz?«, fragt er und küsst ihr die Stirn, nachdem sie hinter der Tür in seine Arme gesunken ist. Sie blickt ihm tief in die Augen.

»Alles gut, Sämi«, flüstert sie, »gut hast du das eingefädelt. Nun bin ich ganz und gar nur noch für dich da.«

1 Die Ruine Bischofstein befindet sich an erhöhter Lage im Wald, und zwar auf der Gemeindegrenze zwischen Sissach und Böckten. Ringmauer, Palas und Torbauten sind noch ziemlich gut erhalten. Eine senkrechte Leiter führt auf die Reste des Turms. Die Burg dürfte ums Jahr 1250 gebaut worden sein. Wie mehrere andere Ruinen in der Region wurde sie vom Basler Erdbeben 1356 zerstört und danach nicht wieder aufgebaut.

2 Das Henkermuseum ist das erste und einzige seiner Art in der Schweiz. Im ehemaligen Zollhäuschen im Zentrum von Sissach betreibt der Tattookünstler Varesi sein einzigartiges Museum, in dem man von der Prangerhalskette über die Henkersaxt und verschiedene Folterinstrumente bis zur Guillotine fast alles findet, womit früher versucht wurde, das »Recht« durchzusetzen. www.henkermuseum.ch

3 Das Cheesmeyerhaus an Sissachs Hauptstraße – heute Begegnungszone – war einst das erste Warenhaus der Nordwestschweiz. Heute steht das Gebäude unter Denkmalschutz und beherbergt eine Vielzahl von Büros und Praxisräumen, aber auch ein Buchantiquariat, ein Theater und ein Café Bistro. www.cheesmeyer.ch

4 Die markante Sissacher Fluh ist einer der schönsten Aussichtspunkte über dem Ergolztal. Auf 700 m ü. M.

gelegen, bietet sich von der Fluh ein eindrücklicher Blick Richtung Südwesten. Für Hungrige und Durstige steht ein Ausflugsrestaurant zur Verfügung. www.sissacherfluh.ch

5 Die Lauchfluh wiederum bietet einen idealen Blick nach Norden. Auf ihr findet sich das »Panzertürmli«, ein Teil der ehemaligen Fortifikation Hauenstein (siehe 10). Wer zwischen Waldenburg und Läufelfingen wandert, sollte unbedingt den landschaftlich sehr attraktiven, aber nicht ganz unanstrengenden Weg über den Rehhag und die Lauchfluh wählen.

6 Die Feldscheune, in der Jasmin sich aufhält, hat kein konkretes, existierendes Vorbild. Allerdings gibt es im Baselbiet noch etwa 270 reale Feldscheunen – Relikte aus einer Zeit, als die Landwirtschaft reine Handarbeit war und das Land im Prinzip der Dreifelderwirtschaft bestellt wurde. In den Feldscheunen, die in ihrer Art im Kanton Baselland übrigens einzigartig sind in der Schweiz, wurde zum Beispiel Heu gelagert oder Vieh untergebracht. Ein Verein kämpft für die Rettung der oft vom Zerfall bedrohten alten Häuschen, da sie ein wichtiges Merkmal des ländlichen Teils des Baselbiets sind. www.feldscheunen.ch

7 Waldenburg liegt zuhinterst im gleichnamigen Tal, ist Hauptort des gleichnamigen Bezirks und war früher wichtiger Etappenort auf der Reise über den Oberen Hauenstein. Sogar Napoleon soll hier einmal durchgekommen sein. Die historische Altstadt ist sehr klein und sehr hübsch.

8 Der Zunzger Büchel ist ein auffälliger, halbkugelförmiger Hügel, der am Südrand von Zunzgen steht und den man auch von der Autobahn A 2 aus gut sehen kann. Verschiedene Sagen umweben den Büchel, Archäologen fanden mittlerweile aber heraus, dass es sich bei ihm nicht etwa um die Grabstätte von Attila, dem Hunnenkönig handelt, sondern um einen ehemaligen Burghügel, auf dem früher eine sogenannte Burgmotte stand. Da diese ausschließlich aus Holz gebaut war, ist von ihr heute außer dem Untergrund, auf dem sie einst stand, nichts mehr zu sehen.

9 Eine Fahrt über den Chilchzimmersattel (991 m ü. M.), einen Nebenpass im Faltenjura zwischen Eptingen und Langenbruck, bietet ein abwechslungsreiches Erlebnis mit vielen schönen Ausblicken. Wichtig: Die enge, kurvenreiche Straße ist etwas für Genießer, nicht für Raser.

10 Die Schützengräben beim Spitzenflüehli stammen aus dem Ersten Weltkrieg. Sie sind ein Relikt der Fortifikation Hauenstein, einer einst 48 Kilometer langen Verteidigungslinie rund um den Bahnknotenpunkt Olten, die in Millionen Stunden harter Arbeit von 14.000 Mann und 1.100 Pferden mit Beobachtungsposten, Unterständen, Militärstraßen und vielem mehr errichtet wurde. Der Abschnitt beim Spitzenflüehli ist zu Fuß vom Chilchzimmersattel aus zu erreichen.

11 Beim Kloster Schönthal vereinigen sich Landschaft, Geschichte und Kunst. Das ehemalige Kloster (gebaut

im 12. Jahrhundert, einem Bauernaufstand zum Opfer gefallen 1525) dient heute unter anderem als Ausstellungs- und Veranstaltungsort sowie als Herberge. Der benachbarte Skulpturenpark zeigt über 30 Kunstwerke namhafter Künstler in der naturnahen Landschaft rund ums Kloster. www.schoenthal.ch

12 Heute ist vom Glanz des ehemaligen Luftkurorts Langenbruck nicht mehr sehr viel übrig geblieben. Feriendestinationen in den Alpen liefen dem höchstgelegenen Dorf im Kanton Baselland (700 m ü. M.) sowohl beim Kuren als auch beim Skisport längst den Rang ab. Dafür besitzt Langenbruck, der Geburtsort des Flugpioniers Oskar Bider, heute die weltweit einzige mit Sonnenenergie betriebene Sommerrodelbahn. www.deinkick.ch

13 Früher war der Obere Hauenstein einer der wichtigsten Straßenpässe über den Jura. Er wird seit Jahrtausenden genutzt. In einem zehnminütigen Spaziergang kann man von der Passhöhe aus die »Römerstraße« besuchen, ein in den Fels gehauenes Stück Hohlweg. Zwar hat die moderne Archäologie herausgefunden, dass diese »Hohle Gasse« viel jünger ist als angenommen und wohl aus nachmittelalterlicher Zeit stammt, aber eindrücklich ist sie dennoch – und sie zeigt auf, wie mühevoll Mobilität früher war.

14 Die Gerstelfluh als spektakuläre Felsformation liegt östlich von Waldenburg und ist von Weitem sichtbar, wie sie aus dem Wald sticht. Besonders beliebt ist sie bei Kletterern.

FALSCHMÜNZER IN DER RÖMERSTADT

»Abends, als die Nacht die Straßen längst in düstere Schluchten verwandelt hatte, hastete der junge Schmied Julius durch Augusta Raurica [15] auf der Suche nach Marcus. Zunehmende Panik ergriff ihn. Mit aller Kraft unterdrückte er das Bedürfnis, laut nach seinem Freund zu rufen, damit er ihn endlich finden und warnen konnte. Doch wo er auch suchte, er traf nicht auf ihn, weder in seiner Wohnung oder seiner Lieblingstaverne noch im öffentlichen Bad. Konnte es sein, dass sie ihnen auf die Schliche gekommen waren? Vielleicht hatten sie sich Marcus bereits gekrallt, um ihn zu beseitigen.

Dabei hatten sie sich nur etwas Geld dazu verdienen wollen, um sich den Lebensstil, den die obere Schicht in der Römerstadt pflegte, ebenfalls leisten zu können. Zu stark waren die Verlockungen gewesen von Besuchen im Theater [16] oder von üppigen Gelagen mit frisch vom Mittelmeer importierten Speisen und süßem Wein.

Fröstelnd dachte Julius an die Förmchen, mit denen sie gemeinsam falsche Münzen gegossen und die er in seinem Elternhaus gelagert hatten, gut versteckt im System der Bodenheizung.

Dort waren sie, wie er mit Schrecken von seiner aufgelösten Mutter erfahren hatte, von Arbeitern gefunden worden, als diese einem Defekt in der Heizung auf den Grund gegangen waren. Die Arbeiter hatten den Fund eingesackt und beschlossen, ihn nicht den Soldaten zu melden, sondern Vertretern der Unterwelt. Und das war das Problem.

Vor der Macht des Staates fürchtete Julius sich weit weniger als vor den Leuten außerhalb des Rechts. Denn diese hatten ihre eigenen Gesetze, und sie kannten kein Pardon. Sie wollten keine Zeugen – und vor allem keine Konkurrenz. Sie gingen über Leichen.

Die Furcht schnürte dem jungen Schmied den Hals zu. Als ein Pfau im Gehege des Senators mit seinem wehklagenden Geschrei die Stille der Nacht zerriss, wäre ihm vor Schreck fast das Herz stehen geblieben. Er musste fliehen, weg von hier, in die Legion oder wohin auch immer, wenn ihm sein Leben lieb war!

Ein letztes Mal schlich Julius sich zum unterirdischen Brunnenhaus 17, plötzlich getrieben von der irren Hoffnung, dass Marcus vielleicht dort, am geheimen Versteck ihrer Jugend, auf ihn warten würde, weil er von dem Unglück schon gehört hatte und wusste, in welch großer Gefahr sie schwebten.

Doch die Brunnenstube lag verlassen da. Die Tropfen, die von der Decke fielen, waren das einzige Geräusch, das von den kahlen, nassen Wänden widerhallte. Bis sich Schritte näherten. Dass er verfolgt worden war, hatte Julius in seiner Panik gar nicht wahrgenommen, doch nun war es zu spät. Als die Häscher das Brunnenhaus betraten und ihn packten, hatte er keine Chance mehr zu fliehen. Er saß in der Falle.

›Das hast du von deiner Falschmünzerei!‹, schrie einer der Verfolger und rammte ihm ohne weitere Reden das Knie in den Bauch. Julius krümmte sich vor Schmerz. Der Schlag auf den Hinterkopf, der gleich darauf folgte, nahm ihm das Bewusstsein, und alles um ihn herum verschwand. Die Sorge um Marcus, um die Zukunft und um sich selber, und alles, was blieb, war dunkle Nacht.«

Betretenes Schweigen erfüllte das Brunnenhaus. Nur das Tropfen von Wasser irgendwo im hohlen unterirdischen Raum war zu hören, sonst herrschte Stille.

»Vielen Dank für Ihr Interesse!«

Erst dieser Satz löste das angespannte Schweigen auf. Mit ihm wandte die Frau in hellblauer Tunika und Ledersandalen sich an ihr Publikum, das der Geschichte hier im ehemaligen römischen Brunnenhaus gebannt gelauscht hatte. Allmählich kamen die Gedanken der Zuhörer zurück aus der Antike ins 21. Jahrhundert. Applaus setzte ein, und danach schob sich das Publikum aus dem unterirdischen Raum allmählich zurück ans Tageslicht, um zu weiteren Attraktionen zu pilgern. Es war Römerfest 18 an diesem Wochenende in Augusta Raurica.

Heinrich Gerster lauschte noch einen Moment dem regelmäßigen Geräusch der Wassertropfen und ließ die Geschichte in sich nachhallen. In diesem Brunnenschacht, der erst im Jahr 1998 nach Christus durch Zufall entdeckt worden war, hatten Archäologen also neben Falschmünzerutensilien – Fragmente von rund 6.000 Tonförmchen zum Gießen von Münzen – und allerlei römischem Zivilisationsschutt auch die Reste von mehreren menschlichen Skeletten gefunden. Wie diese dort hinein gekommen waren, ließ sich nicht mehr nachvollziehen, erklärte die Erzählerin auf Gersters Nachfrage. »Die Geschichte zu den Funden, die Sie soeben gehört haben, unterliegt der künstlerischen Freiheit. Aber es hätte durchaus so sein können!«

»Ja, es hätte durchaus so sein können …«, wiederholte Gerster sinnierend, verabschiedete sich und trat aus der angenehmen Kühle des unterirdischen Gemäuers hinaus an die drückende Hitze, die den Spätsommernachmittag buchstäblich im Schwitzkasten hatte.

Beim Gang übers Festgelände des größten Römerfests der Schweiz, das jedes Jahr in der Baselbieter Römerstadt stattfand, ließ er sich von den Eindrücken leiten – und von seinem Bedürfnis nach Schatten. Beim römischen Theater – kurz dachte er nochmals an den jungen Falschmünzer Julius aus der Geschichte, der den Verlockungen der modernen römischen Gesellschaft erlegen war – gab es einen Glacé-Stand. Davor hatte sich eine Menschentraube gebildet, die nicht auf Zerstreuung und statusgerechte Dekadenz aus war, sondern auf Abkühlung auf der Basis von Zuckerwasser und Rahm. Die Würsteverkäufer hatten weniger Glück als die Eisanbieter und schmorten vor dem Grill quasi in ihrem eigenen Saft.

Es war einfach nur heiß. Der Schweiß rann Gerster unter dem leichten Baumwollhemd in wahren Bächen den Rücken hinunter. Er schlenderte übers Festgelände und trat an einen Stand, an dem die »Archäologie Baselland« Bücher und Broschüren zu Augusta Raurica und zu anderen Themen anbot, von der historischen Bedeutung des Blattenpasses 19 bis zu den drei Burgen auf dem Wartenberg 20. Als an Geschichte interessierter Zeitgenosse hätte er stundenlang auf dem Fest verweilen und Informationen aufsaugen können, aber dafür war es zu heiß. Darum kaufte er sich ein wissenschaftliches Buch zu Augusta Raurica und ging auf die Suche nach der nächsten Abkühlung.

Auf dem Festgelände traf er vor einem Stand, an dem verführerisch duftende Backwaren feilgeboten wurden und neben dem sich die Spatzen um Krümel zankten, auf zwei ehemalige Kollegen: Rüetschi und Donatello, Uniformpolizisten auf Streife.

»Na, ist dir noch nicht langweilig in deinem Rentnerdasein?«, witzelte Wachtmeister Rüetschi nach der kurzen Begrüßung. Gerster lachte herzlich: »Kannst denken! Ich vermisse das Kommissariat nicht im Geringsten. Ich habe mehr als genug zu tun mit allem, was ich gerne mache, und meine Frau und ich wollen nächstes Jahr für ein paar Monate verreisen. – Und bei euch, alles ruhig?«

»Siehst du, er kann's nicht lassen, das muss er als Erstes wissen!«, witzelte Donatello, der einen Kopf größer und mindestens 20 Kilo schwerer war als sein Kollege. Er lachte laut heraus: »Der Heiri muss die Nase überall reinstecken.«

»Berufskrankheit.«

Alle drei Männer lachten.

»Im Ernst«, sagte Rüetschi dann und strich sich mit Daumen und Zeigefinger über den Bart, »bis jetzt ist alles ruhig. Die Samariter müssen vereinzelte Sonnenbrände verarzten und zerquetschte Kinderdaumen, wenn der Römernachwuchs beim Steinhauen daneben schlägt, aber sonst ist alles okay. Das eine oder andere verlorene Portemonnaie, das ist alles.«

»Und die allgemeine Sicherheitslage?«

»Zum Glück sind wir immer noch im Baselbiet und damit auf ziemlich friedlichem Terrain – dass es auch anders sein kann, weißt du ja, aber ich meine grundsätzlich.«

»Hier rufen die Leute noch nicht zwingend das Bombenräumkommando, wenn ein Rucksack irgendwo vergessen geht – zum Glück«, fügte Kollege Donatello hinzu. »Auf den Zufahrtsstraßen stehen Feuerwehrautos quer. Das dient der Abwehr von terroristischen Angriffen mit Autos oder Lastwagen, ohne martialische Abschrankungen aufbauen zu müssen, und sowieso sind Feuerwehrautos auf Platz nie ein Fehler.«

»Zum Glück ergeben sich die Menschen nicht in der Angst, dass unter Umständen die Möglichkeit besteht, dass etwas geschieht. Sie können sich freuen und feiern.«

Mitten ins Gespräch der beiden Polizisten und des Exkommissars platzte ein Anruf auf Rüetschis Diensthandy. Nach einem sehr kurzen Gespräch steckte er das Telefon weg.

»Wir müssen los. An einem Verpflegungsstand ist Falschgeld aufgetaucht. Die Verkäuferin ist außer sich.«

Und an Gerster gewandt setzte er hinzu: »Willst du mitkommen, Herr Kommissar a. D.?«

Dieser winkte schmunzelnd ab: »Nein, danke. Ich lass die Finger von euren Aufgaben. Ich habe vorhin eine römische Geschichte über Falschgeld gehört, die endete mit Toten im Brunnenschacht – das brauche ich heute nicht auch noch in echt.«

»Oha. Na dann, halt dich fern von Brunnen. Tschüss, Heiri.«

»Ave Cäsar.«

*

Das Klappern der Rüstungen und die rhythmischen Rufe des Zenturios waren von weit her zu hören. Schön sahen sie aus, diese silbern glänzenden Uniformen mit den Goldverzierungen, dachte Julia und schaute der Truppe nach, wie sie im Gleichschritt übers Festgelände in Richtung Legionärslager marschierte. Schade eigentlich, dass Soldaten heutzutage in funktionalen Camouflage-Outdoorbekleidungen steckten und nicht mehr mit Federn und blitzblanken Rüstungen in den Dienst einrückten.

Julia sah sich um. Alles in Ordnung. Lief super bis jetzt. Die Stimmung war voll chillig hier, so antik – obwohl sie mit ihren 17 Jahren ganz offensichtlich nicht zum Zielpublikum des Römerfests gehörte, an dem sich vor allem Familien und so Geschichtsfreaks rumtrieben, wie zum Beispiel ihr Großvater einer war. Der fand alles spannend, was von früher war, na ja, er war ja auch selber von früher. Aber cool war es trotzdem gewesen, als er sie, als sie ein kleines Mädchen gewesen war, manchmal mitgenommen hatte zu Publikumsgrabungen [21] nach Augusta Raurica. Tonscherben aus dem Acker buddeln, daran erinnerte Julia sich gerne. Das liebte ihr Großvater. Mit dem kam er besser klar als mit der modernen Welt, so als Rentner. In seinen letzten Arbeitsjahren auf dem Kriminalkommissariat in Liestal, wo er gearbeitet hatte, hatte er noch lernen müssen, mit der Digitalisierung umzugehen. Früher, da hätten sie alles mit Karteikarten und so gemacht, hatte er mal erzählt – für Julia absolut unvorstellbar.

Ihr Handy vibrierte.

»Hey, wo bish, chunsh au no ind Badi am Ry [22]?«, ploppte die Message ihrer Freundin Larissa auf, und als sie sich nicht gleich zurückmeldete, wurde nachgeschoben: »Hey, was los? Bish vom Erdbode verschluckt, Mann?«

Nein, bin ich nicht, dachte Julia. Aber in die Badi kann ich später. Und ich poste im Moment auch nicht auf Facebook oder Instagram, wo ich gerade bin. Erstens wär das irgendwie voll peinlich, und zweitens will ich keine Spuren hinterlassen.

Vorhin hatte Julia sich kurz aufs Klo zurückgezogen im Römermuseum [23], wo sie ungestört war. Und auf diesen ekligen Toitoi-Plastik-Klohäuschen konnte man ja nicht in Ruhe Geld zählen.

Julia hatte nämlich einen neuen Nebenjob. Da verdiente sie viel mehr als in der Lehre, wo sie mega viel arbeiten musste und am Ende des Monats wenig dabei rausschaute. Darum hatte sie gemeinsam mit ihrem Kumpel Markus, der so was wie ein Kindergartenfreund war und im Nachbarhaus wohnte, mit dem Farbdrucker ein paar Fünfzigernoten gefälscht und brachte diese nun unters Volk. Also Markus' Job war das Drucken und all das, das hatte er als Polygraf in Ausbildung gut im Griff, und Julia brachte die Blüten in Umlauf. Ging ganz einfach, schließlich sah sie hübsch und unschuldig aus und konnte so gucken, dass sie bei den Männern sofort den Beschützerinstinkt weckte und bei den Frauen über 30 Muttergefühle.

Derzeit war die ganze Region eine Festhütte, da machten sie gut Umsatz, Markus und sie. Na ja, im Schummerlicht der Sauffeste in den Festzelten war es deutlich einfacher mit den Blüten als hier in der prallen Sonne. Ging auch schneller an den Sauffesten, da hatte sie kürzlich vier Bier getrunken und 180 Franken damit verdient. Immerhin, sie sah etwas älter aus als 17, nämlich wie mindestens 18 ½, darum kriegte sie das Bier auch. Und wenn hinter der Theke einer Zweifel hatte, legte sie den Kopf etwas schief, reckte das Kinn kokett vor, setzte den betörendsten Blick auf und sagte: »Ey, hältst du mich echt noch für ein Kind, Alter?«

Das klappte super. Und hier hatte sie heute Nachmittag auch schon nicht schlecht verdient. An diesem ausgelassenen Fest mit Maskerade für die ganze Familie dachte doch keiner was Böses. Ihr erstes Geld hatte sie sich mit dem Kauf der Eintrittskarte verdient. Dann hier ein Brötchen, da ein Glacé, dort eine Wurst. Alles gut. Höchstens musste sie aufpassen, dass sie bei ihrem Job nicht dick wurde!

Belustigt sah Julia einem Druiden zu, der an einem Stand mit allerlei Kräutern in einem Zaubertrank rührte und dabei den Umstehenden Geheimnisse aus der alten Heilkunst verriet. Voll wie bei Asterix. Schon cool.

*

Als Rüetschi und Donatello zum Verpflegungsstand kamen, von dem der Notruf an die Einsatzzentrale in Liestal abgesetzt worden war, fluchte die Verkäuferin noch immer wie ein Rohrspatz. Eine Frechheit sei das, ehrlich arbeitende Menschen derart zu betrügen, zeterte sie und spickte ihre ausufernden Anklagen gegen unbekannt mit so vielen Schimpfwörtern, dass etliche Eltern mit ihren Kindern einen weiten Bogen um den Stand machten, um den Kleinsten ein Mitanhören der Flüche zu ersparen. Andere Festbesucher kamen neugierig näher, und natürlich hatten zwei oder drei nichts Besseres zu tun, als die Aufgeregte zu filmen. Eine Unart, die es zur Römerzeit nicht gegeben hatte.

Während Rüetschi die Filmenden dazu aufforderte, sich zu verziehen – und er dabei im Gegensatz zur Verkäuferin die Schimpfwörter nur dachte, nicht aber laut aussprach –, nahm Donatello die Personalien der Betrogenen auf und notierte sich, was sie zum Tathergang sagen konnte. Leider war das nicht sehr viel, da sie im allgemeinen Marktgetümmel nicht sofort gemerkt hatte, dass die Fünfzigernote nicht echt sein konnte, und da sie sich an einzelne Kunden schon wenige Sekunden nach dem Kauf sowieso nicht mehr erinnern konnte. Donatello hatte sich die Note von der Frau in eine bereitgehaltene Plastiktüte schieben lassen und hielt das Corpus Delicti gegen das Licht, bevor er es zwischen den Fingern rieb, um die Dicke des Papiers zu erfühlen. Wirklich, kein Zweifel, das Ding war falsch. Und alles andere als professionell gemacht. »Eine dilettantische Sache«, sagte er. »Da fehlt doch ziemlich alles, was die Note haben müsste, um echt zu sein. Zu dünnes Papier, kein durchscheinendes Schweizerkreuz, kein Globus, der die Farbe wechselt, kein glänzender Sicherheitsstreifen …« Er schüttelte den Kopf, bevor er sich an die Verkäuferin wandte: »Und Sie können nicht sagen, wer mit ihr bezahlt hat?«

Die Frau zuckte mit den Schultern. »Hab ich doch schon gesagt. Da ist so viel los um die Mittagszeit, da kann man sich nicht jeden Einzelnen merken, der mit einem Fünfziger zahlt. Und auch nicht jede Note gegen die Sonne halten, um zu prüfen, ob sie echt ist. Stellen Sie sich vor, die Leute würden einen doch als Volldeppen ansehen!«

Etwas später trafen die beiden Polizisten wieder auf ihren pensionierten Kollegen. Dieser kam gerade zurück von einem Besuch bei den Ziegen, Wollschweinen, Pfauen und anderen Vertretern alter Haustierrassen, die im römischen Tierpark 24 lebten. Jetzt verfolgte er amüsiert eine Art römisches Wagenrennen, bei welchem nicht Pferde, sondern Menschen die einachsigen Streitwagen zogen. Es waren meistens Eltern, die sich – mit dem Nachwuchs als Rennpilot im Wagen – zwischen den Deichseln über zwei Runden abmühten, während ihr Galopp allmählich langsamer wurde und ihr Atem immer schwerer ging. Am Schluss gab's für Wagenlenker und »Pferd« gleichermaßen einen Apfel. Während Heinrich Gerster sich eben zu erinnern versuchte, ob die Römer eigentlich neben den Kirschen auch die Äpfel nach Mitteleuropa gebracht hatten, liefen ihm seine beiden ehemaligen Kollegen über den Weg.

»Und, habt ihr den Falschmünzer gefasst?«, wollte er wissen.

»Nein, leider nicht. An einem Fest wie diesem ist es relativ einfach, unerkannt Blüten in den Umlauf zu bringen, wenn man nicht gerade im Daltons-Kostüm rumläuft.«

»Die Daltons gab es auch noch nicht im alten Rom.«

»Aber genug andere Satansbraten.«

Wieder lachten alle drei.

Als die beiden Uniformierten weitergegangen waren, sah Gerster ihnen nach. Jetzt muss ich doch selber gucken, dachte er und spürte, wie sein Jagdfieber sich regte. Vielleicht war es ihm ja möglich, den Täter zu schnappen, dank seiner Menschenkenntnis. Natürlich nur aus reiner Neugierde und um die Kollegen zu entlasten.

Nun aber mal halblang, maßregelte er sich selber. Das Fangen von Kriminellen gehörte nicht mehr zu seinen Aufgaben, er war in Pension. Doch während Gerster weiterschlenderte und die Geräusche und Gerüche des Fests in sich aufnahm, merkte er, dass er trotz Faszination an allem Historischen nicht mehr ganz bei der Sache war. Längst hatte er den Scannerblick aufgesetzt und betrachtete jeden Menschen, den er am Römerfest sah, nicht mehr nur als Besucher, sondern taxierte ihn in Sekundenschnelle, ob er als potenzieller Täter in Frage kommen könnte.

Und da entdeckte Heinrich Gerster seine Enkelin in gut 20 Metern Entfernung. Er machte ein paar eilige Schritte, um zu ihr hin zu gehen und sie zu begrüßen, als sie eben ein Glas Honig in die Hand nahm, das in der Auslage eines Marktstandes gelegen hatte, es der Verkäuferin lächelnd entgegenstreckte und das Portemonnaie zückte.

Gerster mochte alt sein, pensioniert, und sein Rücken wollte nicht mehr so ganz wie früher. Aber seine Augen sahen noch scharf wie die eines Adlers. Darum erkannte er, auch wenn es nur für den Bruchteil einer Sekunde war, dass im Portemonnaie seiner Enkelin ein recht dickes Bündel grüner Noten steckte. Er stutzte. Erstens fand er es verwunderlich, wenn ein 17-jähriges Kind – auch wenn dieses sich selbstverständlich niemals mehr selber als Kind bezeichnen würde – mit so viel Bargeld herumlief. Und zweitens waren es, wenn er es recht gesehen hatte, alles Fünfzigernoten.

Ein übler Verdacht schob sich in sein Bewusstsein. Bevor in seinem Inneren der gerechtigkeitsfanatische Kommissar und der liebende Großvater ein bewaffnetes Duell gegeneinander ausfechten konnten, hatte Julia den Stand verlassen und wurde von einer Menschengruppe verschluckt, die sich in Richtung der Kampfarena bewegte, wo in wenigen Minuten eine Gladiatorentruppe ihre brachiale Schau vorführen würde.

Gerster eilte zum Stand, den seine Enkelin soeben verlassen hatte, und kaufte ebenfalls ein Glas Honig. Er zog eine Hunderternote aus dem Portemonnaie, weshalb er als Rückgeld genau jene Fünfzigernote erhielt, die einen Augenblick zuvor seine Enkelin ausgegeben hatte.

Es reichte, das steife Papier zwischen den Fingern zu reiben und die Note unauffällig zu betrachten, um es zu merken. Es war eine Blüte. Aus den Händen seiner eigenen Enkeltochter.

Hastig verstaute Gerster das Honigglas in seinem Rucksack neben dem Buch über Augusta Raurica und machte sich auf die Suche. Er musste Julia finden, bevor es jemand anderes tat.

*

Mittlerweile kämpften in der Arena, einem mit Bahnpaletten und Strohballen eingefassten Stück Grasfläche, die Gladiatoren. Mit Gebrüll gingen sie aufeinander los, bewaffnet mit Knüppeln, Dreizacken und Netzen. Voll cool. Julia beobachtete die Kämpfer und ertappte sich dabei, dass sie sich wünschte, dass auch Dennis plötzlich aus dem Nichts auftauchen und heldenhaft den Sieg erringen würde, nur bekleidet mit so diesen Gladiatorenlumpen. Sah echt sexy aus, und bei Dennis würde es noch viel besser aussehen, da war sie überzeugt. Ach … Julia bemühte sich, die Gedanken an Dennis sofort wieder zu verdrängen. Zu viel träumen schadete im Moment ihrer Konzentration. Und sowieso hatte Dennis ihr schon seit über drei Stunden keine Message mehr geschickt, vielleicht war es ihm ja völlig egal. Im Moment hatte sie eh anderes zu tun. Also das mit den Fünfzigernoten meinte sie, nicht Gladiatorengucken natürlich, das war nur so eine kleine Auflockerung. Die Gladiatoren von »Amor mortis« waren übrigens alle megaalt, zum Teil sicher schon über 30! Aber ihre Showkämpfe sahen dennoch voll cool aus.

Plötzlich fasste jemand von hinten Julia an der Schulter. Sie wirbelte herum. Da stand ihr Großvater. Scheiße, war sie jetzt erschrocken!

»Opa!«, sagte sie vorwurfsvoll. »Mann, hast du mir einen Schrecken eingejagt.«

»Julia, kommst du mal mit? Wir müssen reden.«

Seine Stimme klang anders als normal, komisch. Kühl, fast schon wie bei einem Tatortkommissar. Hatte er etwa …? Julia durchfuhr es heiß und kalt zugleich. Nein, nur das nicht! Alle Menschen auf der Welt durften herausfinden, was sie tat, wenn sie auf Fünfzigertour ging, aber nicht ihr eigener, lieber Großvater! Nein!

»Ich hab jetzt voll keine Zeit, Opa. Ich muss hier gucken, und danach hab ich abgemacht und …«

Wieder war sie sehr kalt, diese Stimme, die ihr das Wort abschnitt und ihr klarmachte, dass »keine Zeit« gerade im Moment absolut kein Argument war und dass sie, wenn sie jetzt nicht mit ihm mitkäme, noch mit ganz anderen Menschen abmachen dürfe. Mehrere Termine. Mit seinen ehemaligen Kollegen und dem Jugendrichter beispielsweise.

Das saß. Julia sagte kein Wort mehr. Das mit den Gladiatorenkämpfen war nicht mehr so wichtig, eigentlich hatte sie schon vergessen, dass da so Männer mit altertümlichen Waffen und machohaftem Gebaren einander angriffen und vom Publikum johlend angefeuert wurden. Sie hörte sie nicht mehr. Es war ihr nur noch alles abgrundtief peinlich.

Als sie von ihrem Großvater abseits der großen Besucherströme und wie ein begossener Pudel zum Ausgang aus dem Festgelände geführt wurde, fühlte sie sich wie auf dem Weg zum Amphitheater 25, in dem die hungrigen Löwen bereits warteten, um sie zu zerfleischen. Wie war das noch mal: »Morituri te salutant.«

*

»Das nächste Mal kostet es aber«, rief eine Männerstimme von hinten. Gerster, in dessen Innersten es brodelte wie im Vesuv kurz vor der Zerstörung Pompejis, sah sich um. Rüetschi und Donatello. Gerade jetzt hatte er keine Lust, seine ehemaligen Kollegen zu treffen, sondern wollte nichts anderes als seine Enkeltochter wegzubringen, um mit ihr ein ernstes Wörtchen zu reden. Oder besser gesagt ganz viele ernste Wörtchen.

»Du glaubst es nicht: Mittlerweile sind vier gefälschte Fünfziger auf dem Gelände aufgetaucht. Da ist einer ganz schön aktiv«, erklärte Rüetschi, und es schien, als würde er anerkennend nicken. Donatello fügte hinzu: »Es ist Verstärkung da, und auch die Kollegen von der Feuerwehr sind informiert, die Augen offen zu halten. Einer von unseren Leuten geht eben von Stand zu Stand und warnt das Personal. So sollte es möglich sein, den Täter bald zu schnappen.«

Gerster nickte. Ihm fiel auf, dass das Gesicht seiner Enkeltochter neben ihm mittlerweile die Farbe eines frisch gewaschenen Leintuchs angenommen hatte. Er warf ihr einen kurzen Blick zu, nur ein Sekundenbruchteil, bevor er anerkennend sagte: »So ist's gut. Hab ich doch gewusst, dass ihr das auch ohne mich schafft.«

Wieder grinsten die beiden Polizisten.

»Veni, vidi, vici«, sagte Gerster laut. »So, wir müssen. Das ist übrigens meine Enkelin. Sie interessiert sich für Geschichte, genau wie ihr Großvater. Julia, das sind Wachtmeister Rüetschi und der Gefreite Donatello. Mit denen würde ich mich nicht anlegen, das sind Top Cops.«

Alle drei Männer lachten. Julia nickte freundlich und verzog den Mund ebenfalls zu einem gequälten Grinsen. Gerster kam sie allerdings eher vor wie ein Vögelchen, das auf einer Leimrute zappelt. Ein paar Sekunden soll sie ruhig noch leiden und zittern, dachte er. Und wenn sie bis heute Abend nicht im Boden versunken ist, werde ich höchstpersönlich dafür sorgen, dass die einzigen Blüten, die sie in Zukunft je wieder anfassen wird, von rein botanischer Natur sind.

*

Am Abend lag Julia lange wach. Der Kopf brummte, aber gleichzeitig fühlte sie sich irgendwie auch erleichtert. Schlussendlich hatte sie ihrem Großvater alles erzählt.

Alles. Von Markus und dem Farbdrucker, von ihrer Masche beim Unter-die-Leute-Bringen des Falschgelds, von all ihren Betätigungsfeldern.

»Pass auf, dass du nicht im Brunnenschacht endest«, hatte der Opa gesagt, und als sie nicht gecheckt hatte, was er damit meinte, hatte er ihr die Geschichte erzählt, die er am Römerfest im unterirdischen Brunnenhaus gehört hatte. Dass die beiden Falschmünzer Julius und Marcus hießen, hatte ihr fast den Gong gegeben. Mann, voll das Herzrasen vor Schreck – konnte man mit 17 eigentlich einen Herzinfarkt kriegen?

Es war dann doch ein voll gutes Gespräch geworden, das musste sie zugeben, und sie war unendlich froh, dass ihr Großvater sie geschnappt hatte und nicht die Bullen. Als sie ihn gefragt hatte, wie er ihr auf die Schliche gekommen sei, hatte er ein Glas Honig auf den Tisch gestellt und mit Zeige- und Mittelfinger zuerst auf seine Augen gedeutet und dann die Hand umgedreht und die Finger auf sie gerichtet. Genau so, wie es die coolen Typen in den Filmen manchmal taten, um ihren Feinden zu zeigen, dass ihrer Kontrolle nichts entging.

Ihr Opa war eben trotz Rentnerdasein wohl der Best Cop im ganzen Baselbiet, und plötzlich war sie sogar ein wenig stolz auf ihn.

Sie hatten sich darauf geeinigt, dass er weder ihren Eltern noch der Polizei etwas verriet. Vorerst. Wenn sie sich an gewisse Regeln halte. Naja, recht viele Regeln, fand sie. Sich auf die Lehre konzentrieren zum Beispiel, diszipliniert sein und ganz viel so soziales Zeug, für das sie eigentlich keine Zeit hatte. Und auch keinen Bock.

Aber es musste wohl sein. Sonst flog die Sache auf, und sie war verloren. Opa hatte ihr unmissverständlich klargemacht, dass er keine Mätzchen duldete. Und sie würde alles befolgen. Sie wollte ihn nicht ein zweites Mal enttäuschen.

Vielleicht, ja vielleicht hatte das alles auch sein Gutes.

15 Augusta Raurica, der Tourismusmagnet Nummer eins des Kantons Baselland, ist der größte archäologische Park der Schweiz. Hier kann man nicht nur verschiedene Monumente aus der Römerzeit bewundern, sondern es warten auch viele Erlebnisse als Römer wie beispielsweise Töpfern oder Brot backen. Die Augusta Raurica, heute auf dem Gemeindegebiet von Augst BL und Kaiseraugst AG gelegen, wurde als Kolonie ungefähr um Christi Geburt gegründet und gehörte in den Jahrhunderten ihrer Besiedelung zu den Provinzen Gallia Belgica, Germania superior und Maxima Sequanorum. www.augustaraurica.ch

16 Die Theaterruine von Augusta Rauricas gilt als das am besten erhaltene römische Theater nördlich der Alpen. Ursprünglich waren an diesem Standort drei verschiedene Theaterbauten. Das jüngste von ihnen, ein Bühnentheater, das ungefähr von 180 bis 280 n. Chr. bespielt worden war, hat als Ruine bis heute überdauert. In der restaurierten Ruine werden heute wieder Veranstaltungen abgehalten. Das Theater bietet dabei 2.000 Gästen Platz – zu Zeiten der Römer konnten rund 10.000 Zuschauer die Darbietungen der Schauspieler mitverfolgen.

17 Das unterirdische Brunnenhaus von Augusta Raurica wurde erst im Jahr 1998 entdeckt und begeisterte die Fachwelt, da das römische Bauwerk, das etwa von 80 bis 250 n. Chr. in Betrieb war, voll-

ständig erhalten ist. Es hatte also 1750 Jahre unbemerkt und unbeschadet im Boden überstanden. Bei der Ausgrabung fanden Archäologen im Gewölbe des Brunnenhauses und dem elf Meter tiefen Schacht des Sodbrunnens, welcher offenbar mit römischem Zivilisationsschutt gefüllt worden war, unter anderem die Fragmente von 6.000 Tonförmchen zum Gießen von Münzen, Kadaver von Tieren sowie die Skelette von mehreren Erwachsenen und Säuglingen. Besichtigt werden kann das Monument über den Zugangstunnel, welchen ebenfalls bereits die Römer gebaut haben.

18 Das Römerfest von Augusta Raurica findet jedes Jahr an einem Wochenende nach den Sommerferien statt, ungefähr Ende August. Es ist das größte seiner Art in der Schweiz und lockt jeweils Zehntausende Besucher an. Etwa 1.000 Mitwirkende sorgen für ein Ambiente wie zur Römerzeit: Legionäre, Barden, schreiende Händler, Tänzerinnen, Druiden, Mimen, Gladiatoren und viele mehr legen sich dabei ins Zeug. An über 30 Mitmachstationen kann das Publikum selbst Hand anlegen und spielerisch viel über die römische Geschichte lernen. www.roemerfest.ch

19 Einst war der Blattenpass die bedeutendste Verbindung zwischen dem Laufental und dem Birseck. Über den Pass zogen Händler und Reisende. Heute ist der Passübergang am Südhang des Blauenbergs, der Aesch und Zwingen miteinander verbindet, vor allem bei Wanderern und Velofahrern beliebt.

20 Auf dem Wartenberg zwischen Muttenz und Pratteln standen früher gleich drei Burgen. Heute finden sich auf dem Hügel die vordere, die mittlere und die hintere Ruine. Zum Teil wurden sie umfassend restauriert und mit Aussichtsterrasse oder gar rundem Kupferdach ergänzt. Der Wartenberg ist ein beliebtes Ausflugsziel in Spaziergangsnähe mehrerer Tramstationen. www.wartenberg.ch

21 Unter fachkundiger Anleitung können Interessierte in Augusta Raurica selber nach Schätzen aus der Römerzeit graben. Bei den archäologischen Publikumsgrabungen wird nach wissenschaftlichen Maßstäben ausgegraben und dokumentiert. Die Workshops dauern in der Regel vier Tage und finden im Sommer statt. www.augustaraurica.ch

22 In Kaiseraugst, dem Aargauer Nachbardorf von Augst, findet sich ein Campingplatz an lauschiger Uferlage, der Urlaubsfeeling garantiert. Für Badefreudige stehen sowohl der Rhein als auch ein Niedrigwasserbecken zur Verfügung. www.camping-kaiseraugst.ch

23 Im Römermuseum können Besucher ins römische Leben eintauchen. Nachempfunden ist das Haus einer Stadtvilla in Pompeji, die Zimmereinteilung, Ausstattung und das Mobiliar wurden sowohl aus antiken Abbildungen als auch mithilfe von Originalfunden rekonstruiert. Zu besichtigen gibt es alles, was ein römisches Haus zu bieten hatte, vom Wohnraum über Bad und Innenhof bis zum Garten.

24 Im römischen Tierpark leben Tiere von Rassen, wie sie schon zu Römerzeiten ausgesehen haben könnten. In Zusammenarbeit mit ProSpecieRara, der schweizerischen Stiftung für die kulturhistorische und genetische Vielfalt von Pflanzen und Tieren, welche sich um vom Aussterben bedrohte Haustierrassen kümmert, wurde ein Tierbestand ausgewählt, der den »Originaltieren« von Augusta Raurica und der umliegenden Gutshöfe gleichen dürfte. Dies sind beispielsweise Wollschweine, Nera-Verzasca-Ziegen oder Walliser Landschafe.

25 Augusta Rauricas Amphitheater – respektive das, was davon bis heute übrig blieb – stammt etwa aus dem Jahr 170 n. Chr. und liegt in einer natürlichen Talsenke, deren Böschungen man als Untergrund für die Sitzstufen nutzte. Früher bot es Platz für etwa 13.000 Zuschauer. Im Gegensatz zum Bühnentheater (siehe 16) wurde im Amphitheater eher die martialische Seite des römischen Reichs gezeigt: Es standen Gladiatorenkämpfe, Tierhatzen und Hinrichtungen auf dem Programm. Heute ist auf dem Gladiatorenpfad, einem Lehrpfad mit Hörstationen zwischen Römermuseum und Amphitheater, einiges über diese antiken Belustigungen zu erfahren.

VON DEN FATALEN SCHWINGUNGEN EINES ROLLSCHINKLIS

Aus irgendeinem Lautsprecher rieselte »Jingle Bells« auf den Boden herunter, als Phil durch die regenfeuchten Straßen Basels in Richtung Bahnhof ging. Heute war es so weit. Heute konnte er seinen Bruder Kai abholen, der mal wieder eine kleinere Haftstrafe in einem Gefängnis im nebelverhangenen Mittelland verbüßt hatte und nun, am Tag vor Heiligabend, der holden Braut Freiheit zurück in die Hände gegeben wurde. Oder besser gesagt in die Hände des älteren Bruders Phil, welcher der Mutter hoch und heilig hatte versprechen müssen, dass er ein Auge auf den »Kleinen« werfen würde, damit dieser sich nicht gleich wieder in Gaunereien verstrickte – oder diese, wenn es sich schon nicht verhindern ließ, wenigstens so geschickt anstellte, dass die Polizei ihm nicht auf die Schliche kam. Und das mindestens 24 Stunden lang, damit die Familie für einmal wieder gemeinsam Weihnachten feiern konnte. Mam, Phil, Kai und Carina, die Jüngste der Geschwister, welche im Gegensatz zu ihren Brüdern früh einer anständigen Arbeit nachgegangen war und nun in den Bergen Touristen mit Fondue bewirtete. Morgen Mittag würde auch sie ins Unterland zurückkehren, aber Phil wusste, dass sie nach Weihnachten so schnell wie möglich wieder in die Alpen fuhr, wo sie sich offenbar mehr zu Hause fühlte als bei ihrer Familie. Wer jedes Jahr schmerzlich fehlte, war der Vater, der vor über zehn Jahren tragischerweise einem

Rechnungsfehler zum Opfer gefallen war: Fatalerweise hatte er die Menge des Sprengstoffs zum Öffnen eines Tresors falsch kalkuliert.

Phil war in Gedanken versunken, als er dem Bahnhof zu wanderte. Die Straßen waren voller gestresster Menschen, die in möglichst kurzer Zeit möglichst viele Geschenke einkaufen wollten. Dabei gingen sie zum Teil recht unzimperlich mit dem Ladenpersonal oder auch mit ihren direkten Futterkonkurrenten, also den anderen Kunden, um.

Der Advent hatte die Stadt fest im Griff. Vor den Geschäften schlangen sich Lichterketten um Tannenbäume, leuchtende Sterne hingen aus Fenstern und an Straßenlaternen, und Weihnachtsmänner aus Kunststoff saßen in blinkenden LED-Schlitten in Schaufenstern.

Vor dem Bahnhof spielte die Heilsarmee ein leicht schräg klingendes Weihnachtslied, und eine verhutzelte Frau fütterte die Tauben mit riesigen Brotklumpen. Im Innern der ehrwürdigen Halle des Bahnhofsgebäudes, an deren Wänden Gemälde von idyllischen Schweizer Landschaften [26] prangten, kaufte Phil sich an einem Imbissstand einen Kebab (mit allem und scharf) und dünstete nun bei jedem Bissen gut gelaunt vor sich hin. Auch auf der Bahnhofspasserelle glitzerte und leuchtete die Weihnachtsdeko in den Auslagen um die Wette mit der Werbung, die von großen Bildschirmen auf die Passanten herunterstrahlte. Sie versprach allerhand Dinge – zum Beispiel, dass man mit der Wahl der richtigen Krankenkasse glücklich werde. Oder dass ein bestimmtes Warenhaus einem keine Wünsche offen ließ. Oder dass man, wenn man nur den richtigen Kaffee trank, cool und unwiderstehlich sein würde.

Phil glaubte weder an das Glück durch Krankenkassen noch an Coolness durch Kaffee. An Warenhäuser glaubte er ebenfalls nicht, außer wenn diese unbegabte Ladendetektive beschäftigten. Taten aber leider nicht viele davon. Und sowieso hatte er Mam ja versprochen, auf Kai aufzupassen. Also hieß das wohl, dass er sich selber auch am Riemen zu reißen hatte. Ach, die liebe Familie. Wenn bis morgen keine Probleme mit den Bullen auftauchten und man am Heiligen Abend wirklich zusammen kam, dann würde es endlich mal wieder Rollschinkli mit Kartoffelstock und Dörrbohnen geben, wie sich das gehörte. Und zuvor würden sie in der Klosterkirche zu Mariastein **27** die Messe besuchen. Alle zusammen. Sehr feierlich. Ach …

Phil war zuversichtlich, dass die nächsten 24 Stunden gut ablaufen würden. Er freute sich und zerkaute genüsslich das letzte Stück des Fladenbrots, aus dem noch etwas Joghurt- und Cocktailsauce triefte, knüllte Papier und Alufolie zusammen und versuchte, die handgeformte Kugel per Weitwurf in einen der Abfalleimer zu befördern, in denen die ÖV-Nutzer ihren Müll fachgerecht trennen konnten. Er warf daneben, was ihn nicht weiter störte. Welch schöner Tag, dass Kai nach Hause kam!

»Hey, alles klar, Alter?«, dröhnte es plötzlich durch die Menschenmenge. Endlich kam er, sein kleines Brüderchen. Immer noch der Alte war er, laut und lustig. So ein bisschen Knast konnte ihm schon lange nichts mehr anhaben.

Die beiden umarmten sich überschwänglich, klopften sich gegenseitig auf den Rücken und ließen ein so lautes synchrones Polterlachen ertönen, dass die beiden Bahnhofspolizisten, die durch die wabernde Masse an Reisenden in der Passerelle patrouillierten, ihnen einen skeptischen Blick zuwarfen.

»Nun, wo geht's denn hin, Phil? Hast du heute schon was vor? Lass uns spazieren gehen«, sagte Kai ungeduldig, nachdem er seine magere Reisetasche in einem Gepäckschließfach im Untergeschoss des Bahnhofs zwischengelagert hatte.

Philipp hob verwundert die linke Augenbraue: »Du und spazieren? Freiwillig an der frischen Luft? Hast du hinter den schwedischen Gardinen zu wenig Sauerstoff ins Hirn gekriegt oder hat dich ein Gefängnisseelsorger zum gesundheitsbewussten Engel bekehrt?«

»Sehe ich so aus?«

»Nein, aber ich halte das für eine hervorragende Idee.« Er tätschelte erneut Kais Rücken: »Spazieren tut Körper und Geist dennoch gut, und es lenkt ab. Wir müssen sauber bleiben.«

»Echt jetzt? Ist das dein Ernst?« Kais Gesicht verzog sich zu einer Fratze.

»Ja, es muss sein«, antwortete Phil. »Ich hab Mam versprochen, auf dich aufzupassen, damit du nicht gleich einen Rückfall kriegst, kaum bist du auf freiem Fuß.«

Kai pfiff verächtlich durch die Zähne: »Die muss grad was sagen, sie, die sich immer damit brüstet, welche Dinge sie alles gedreht hat gemeinsam mit Pap und als sie's noch nicht so stark in den Hüften hatte.«

»Ja, aber im Gegensatz zu dir ließ sie sich nicht erwischen. Nie. Das ist ihr ganzer Stolz.«

»Kleines Detail«, wiegelte Kai ab.

»Trotzdem.«

»Früher war es auch viel einfacher, da hatte die Polizei noch nicht die ganzen technischen Hilfsmittel bei der Spurensicherung, und eine DNA-Datenbank gab's auch noch nicht.«

Phil sah auf seine Armbanduhr und legte dem Bruder beruhigend die Hand auf die Schulter. »Es ist zwei Uhr nachmittags. Lange musst du nicht aushalten. Nur bis morgen. An Heiligabend gibt es nur Rollschinkli mit Kartoffelstock und Dörrbohnen, wenn bis da keiner von uns eingebuchtet ist.«

Der kleine Bruder verzog das Gesicht erneut und ließ dann theatralisch die Schultern hängen: »Boah, die Dame verlangt viel. Aber okay, für ein Rollschinkli …«

Auf dem Bahnhofplatz bestiegen die Brüder das gelbe Tram Nummer 10 [28] und fuhren südwärts aus der Stadt hinaus Richtung Birseck. In Münchenstein stand Phil auf: »Komm, wir spazieren durch die Reinacher Heide [29]. Da ist es schön friedlich, und wir können Biberspuren suchen und Hündeler nerven.«

Doch Kai lümmelte sich trotzig in seinen Sitz und schien sich schwer zu machen, als fürchte er, der große Bruder würde ihn nächstens an der Hand nehmen oder versuchen, ihn gewaltsam aus der Straßenbahn zu tragen: »Ich glaub, ich will doch nicht raus. Weißt du, wie kalt es ist draußen? Es ist Winter!«

»Es hat nicht mal Schnee.«

»Kein Schnee in der Weihnachtszeit, so eine Scheiße.«

»Es ist zu warm für Schnee, es ist nicht mal gefroren, Kai. Das ist gut zum Spazieren. Es ist nur etwas grau.«

»Ich werde mich erkälten, Phil! Ich hab's mir anders überlegt. Ich bin das Draußensein nicht mehr gewöhnt«, nörgelte er.

»Kai! Denk an das Rollschinkli.«

»Okay, dann gehen wir halt spazieren … Aber dann lass uns wenigstens in die Ermitage [30] gehen. Dort ist es viel schöner.«

Zwar führte Kai anderes im Schild als einen Spaziergang im größten englischen Landschaftsgarten der Schweiz. Aber das konnte er natürlich nicht sagen.

Doch bereits wenige Stationen später bereute Kai seinen Vorschlag des Weiterfahrens, denn zwei bullige Typen in der Uniform der Baselland Transport AG stiegen ein und fragten nach den Fahrkarten. Während Phil sein U-Abo zückte, musste Kai grummelnd eingestehen, dass er nicht daran gedacht hatte, dass er für den Dezember logischerweise kein Monatsabonnement gelöst hatte, da er bis zum heutigen Tag schließlich ganz ohne öffentlichen Regionalverkehr ausgekommen war.

»Ich hab's vergessen, Mann. Soll nicht mehr vorkommen«, sagte er zum Billetkontrolleur, welcher unbeeindruckt seinen Taschencomputer zückte.

»Ey, ich muss doch jetzt wohl keine Buße bezahlen, oder?«

»Doch, das müssen Sie. Schwarzfahren kostet. Name?«

»Hirni!«, knurrte Kai.

»Was höre ich da? Wollen Sie eine Anzeige wegen Beamtenbeleidigung?« Der Kontrolleur wurde laut. »Ausweis!!«

Während Phil seinen aufgebrachten Bruder zu beschwichtigen versuchte, da er durch dessen Verhalten das Rollschinkli bereits in unerreichbare Sphären entschwinden sah, inspizierte der Uniformierte Kais Identitätskarte genau, schluckte, verzog den Mund und händigte sie ihm schließlich wieder aus.

»Also, Herr Hirni. Wollen Sie gleich bezahlen oder lieber eine Rechnung?«

»Hab kein Geld dabei.«

»Also, eine Rechnung, gern. Macht dann eine Bearbeitungsgebühr zusätzlich.« Mann, hatte dieser Typ früher als Charcuterieverkäufer gearbeitet, dass er den Singsang plötzlich so draufhatte? Wenn sie Glück hätten, würden sie am Schluss der Kontrolle ein Wurstrădli bekommen, dachte Phil und musste unversehens grinsen.

»Was gibt es da zu lachen?«, blaffte Kai, dem gar nicht zum Spaßen zumute war.

Als das Tram an der Station »Arlesheim Dorf« hielt, versteckte sich seine Stimmung immer noch irgendwo im dritten Untergeschoss.

»Für dieses Geld hätten wir auch ein Taxi nehmen können«, motzte er vor sich hin und ließ sich von seinem Bruder nicht aufmuntern, schon gar nicht mit irgendwelchen Predigten über die Regeln der Gesellschaft, an die man sich nur zu halten bräuchte, und schon sei das Leben viel einfacher.

»Bist du unter die Pfaffen gegangen?«, ranzte er. Phil schüttelte gut gelaunt den Kopf. »Nein, das ist Pragmatismus.«

»Kenn ich nicht. Ich gehöre keiner Sekte an«, knurrte Kai in seinen Bart, der, seit es hip war, ihn wachsen zu lassen, immer stattlichere Ausmaße annahm.

Sie schlenderten durch den alten Arlesheimer Dorfkern, während sie sich einiges zu erzählen hatten. Auch hier dominierten Weihnachtsdekorationen für alle Geschmacksrichtungen das Bild sowie Menschen, die in einem Tempo zum Einkaufen unterwegs waren, als könnte in wenigen Stunden der Dritte Weltkrieg ausbrechen.

»Öhm, zur Ermitage geht's aber hier lang«, sagte Phil und deutete nach links, als Kai auf dem großen Platz vor dem Dom 31 nach rechts steuerte.

»Weiß ich. Du meinst doch nicht im Ernst, dass ich bei den Entchen und Fischchen spazieren gehen will, oder?«

»Warum nicht? Es ist schön dort. Mit meiner Exfreundin war ich oft dort – ist richtig romantisch.«

Kai sah den Bruder an, als habe er ihn eben davon zu überzeugen versucht, dass es das Christkind wirklich gibt.

»Bin ich deine Exfreundin, Mann? Komm mit mir. Ich weiß was.«

»Du führst aber nicht etwa etwas Kriminelles im Schilde?«

»Nur ein bisschen. Ich hab die Info von einem neuen Kumpel bekommen, mit dem ich in letzter Zeit oft abgehangen habe. Todsichere Sache!«

Phil seufzte hörbar: »Aha, todsicher. Und was ist es, was dein Knastbruder da im Köcher hat?«

»Er hat vom Haus seiner Großeltern erzählt. Lustig, nicht? Der hockt im Knast und Oma und Opa sind Millionäre. Und die sind in den Ferien, genau jetzt. Alles easy. Mein Kumpel wollte das ja selber machen, aber er durfte nun doch nicht heim. Also werde ich es tun – auch wenn er nicht weiß, dass ich es weiß.«

»Oh, ein ganz klitzekleiner Bruch, empfohlen von einem absolut zuverlässigen, redlichen Vertrauensmann«, schnaubte Phil verächtlich, doch dann eilte er dem Bruder hinterher, der zielstrebig den Sonnenhang Arlesheims ansteuerte, wo das Dorf mit der Nachbargemeinde Dornach verschmolz und aus dessen unübersichtlichem Bewuchs an Wohnhäusern der oberen Klasse wie ein großer zyklopischer Elefant das Goetheanum 32 das ganze Tal überblickte.

Auf dem Weg den Hang hinauf weihte Kai seinen sprachlosen Bruder in seine Pläne ein, wie er die vorhin erlittene Buße wegen Schwarzfahrens um den Faktor 100 oder noch mehr gleich wieder reinzuholen gedachte.

»Eine absolut sichere Sache, glaub mir. Ich weiß, wo das Haus ist. Die sind im Urlaub, und die Alarmanlage ist kaputt, hat jedenfalls mein Kumpel gesagt.«

»Und woher weiß er das, dein Kumpel? Haben Oma und Opa ihm eine Weihnachtskarte in den Knast geschickt mit der Mitteilung, dass ihre Alarmanlage derzeit grad nicht funktioniert?«

Kai hob die Schultern, schien sich aber nicht die geringsten Gedanken über die Sache zu machen. So war er, der Kleine. Fast noch ein Kind manchmal, geistig. Aber wenn es um fünf- und mehrstellige Gewinne ging, konnte Phil ihn wohl schlecht alleine seinem Schicksal überlassen.

Der Nachmittag war grau, und die Wolken hingen so tief, dass sie die Kuppen der Jurahügel im Osten des Birstals unter Verschluss hielten. Ein wenig Schnee hätte die ganze Sache ein bisschen erhellt. Phil wusste, dass da oben in der Wolkensuppe irgendwo der Aussichtsturm auf dem Gempen [33] sein musste, aber von da sah man jetzt wohl keine zehn Meter weit. Man konnte nicht einmal die Ruine Dorneck [34] erkennen, die oberhalb Dornachs thronte und auf der sie früher so manche Grillparty mit Kollegen durchgegeben hatten.

Dennoch wäre es vielleicht besser gewesen, mit Kai irgendwo weiter weg von der Zivilisation spazieren zu gehen, auf dem Blauen [35] vielleicht oder sogar im Elsass, sinnierte Phil weiter, als er von Kai in seinen Gedanken unterbrochen wurde: »Hey, super, dass es keinen Schnee hat.«

»Warum? Wäre doch hübscher.«

»Zum Spazieren, ja. Und für die Weihnachtsstimmung. Aber für das, was ich vorhabe, ist Schnee doof. Stell dir vor, die Bullen könnten einfach deinen Spuren nachlaufen.« Kai brach in lautes Gelächter aus, als habe er soeben den allerlustigsten Witz der Welt gehört. Phil stimmte nicht mit ein. Zu merken, dass sein Einfluss auf den Bruder sich irgendwo im Promillebereich bewegte, bereitete ihm Sorgen. Wahrscheinlich würde die sicherste Sache, ihn unter Kontrolle zu halten, wohl sein, den Plan einfach mal weiter zu verfolgen.

Als die beiden Brüder zehn Minuten später vor einem großen Haus standen, das sich hinter zurechtgestutzten Thujakugeln und anderen adrett frisierten Zierpflanzen in einem ausladenden Garten räkelte, nickte Kai zufrieden.

»Das ist es«, sagte er nach einem Blick auf den Briefkasten.

»Das ist was?«

»Das Haus jener Leute, das ich gerne besuchen möchte.«

»Von Oma und Opa? Da stehen aber nur Initialen drauf«, gab Phil zu bedenken und deutete auf den Briefkasten neben dem großen vollautomatischen Rolltor, das die Einfahrt in die Doppelgarage versperrte.

»Würd ich auf jeden Fall auch, wenn ich in einem solchen Anwesen leben würde wie dem hier. Die sind doch nicht blöd, die Bewohner da. Sonst kommen Leute wie wir und wollen unsern Anteil haben, da bleibt man lieber diskret.«

Er kicherte vergnügt. Phil linste durch die Spalten des massiven Rolltors. Zu beiden Seiten linsten schlecht versteckte Kameraaugen zurück.

»Da willst du rein?«

»Warum nicht?«

»Kai! Du bist völlig unvorbereitet! Hast kein Werkzeug, keine Kondition.«

»Die sind in den Ferien, Alter. Hab ich doch bereits

erwähnt. Und so ’n bisschen Werkzeug hat doch jeder immer dabei. Ein echter Schweizer Bub trägt ein Sackmesser in der Tasche, nicht?« Wieder gab er dieses selbstgefällige Lachen von sich.

»Aber morgen ist Heiligabend.«

»Weißt du, welch tolle Geschenke wir Mam und Carina kaufen können?«

Phil erhaschte einen weiteren Blick durch das Tor auf das Haus. Sein untrügliches Gefühl sagte ihm, dass diese Sache nicht gut kommen konnte.

»Guck, die haben einen Weihnachtsbaum in ihrem Wohnzimmer stehen. Da brennen sogar Kerzen dran. Keiner stellt einen Weihnachtsbaum ins Wohnzimmer, wenn er in den Ferien ist.«

»Das ist vielleicht Tarnung. Und die Kerzen sind ja nicht echt, sondern bloß die teuren Flackerdinger, die einen auf echt machen. Die kann man auch per Handy direkt von den Malediven aus steuern.«

Phil sah sich um. Nirgendwo war jemand zu sehen. Doch dann entdeckte er ein Paar dunkelbrauner Knopfaugen, das ihnen vom untersten Abschnitt der Balkontür entgegen funkelte.

»Bist du sicher, dass die in den Ferien sind? Der Hund ist jedenfalls zu Hause!«

»Hunde dürfen nicht mit auf die Malediven, die könnten dort nasse Füße kriegen.«

»Hunde mögen doch Wasser, Kai!«

»Längst nicht alle, mein lieber Bruder. Es gibt überaus wasserscheue Exemplare. Zudem hat sich auf den Malediven das Hundekotentsorgungsmanagement mit Robidog-Säckli noch nicht durchgesetzt. Und die Tollwut … Denk an die Tollwut!«

Im Kreieren der abstrusesten Behauptungen war Kai schon immer einsame Spitze gewesen. Hätte er die Energie, die er für Erklärungen und Ausreden brauchte, früher in die Schulbildung oder schon nur eine solide Lehre gesteckt, hätte er inzwischen glatt Anwärter auf irgendeinen Innovationspreis der lokalen Wirtschaft sein können, dachte Phil.

Das Leben hatte mit Kai offenbar aber etwas anderes vorgehabt. Und seine Pfiffigkeit war mit den Jahren zunehmend erodiert.

Dennoch schien in ihm allmählich die Erkenntnis zu reifen, dass seine verlässliche Quelle, die ihn zu diesem Bruch bewogen hatte, sich unter Umständen doch getäuscht haben könnte. Oder aber ihm eine bewusste Falle gestellt hatte.

Wie dem auch sei. Jedenfalls war Fiffi zu Hause, und darum lag ein Besuch in der Villa von Oma und Opa wohl eher nicht drin.

Unverrichteter Dinge kehrten die Brüder also in die niedrigeren Gefilde von Arlesheim (was natürlich ausschließlich topografisch gemeint ist) zurück, und Phil war sehr erleichtert darüber. Wieder war er dem Rollschinkli von Mam ein paar Minuten näher gerückt. Nachdem er vor lauter Entspannung, dass die Sache ohne strafrechtlich relevante Taten ausgegangen war, sich auf einer Toilette in einem Supermarkt des Ortes hatte erleichtern müssen, fand er den jüngeren Bruder allerdings nicht mehr.

Das war schon immer ein Problem gewesen: Kai hatten bereits als Kind manchmal Sekundenbruchteile ausgereicht, um sich in Luft aufzulösen: Ein Umstand, den Mam Hirni dann stets den Älteren hatte büßen lassen, da dieser zu wenig aufgepasst hätte.

Diesmal blieb Kai glücklicherweise kaum zwei Minuten weg, bevor er wieder angerannt kam. Allerdings – und das machte Phil deutlich unglücklicher – mit einer handtaschenschwingenden Seniorin im Schlepptau.

»Wir müssen abhauen, sofort«, keuchte er. Natürlich war er schneller, da einige Jahrzehnte jünger als seine Verfolgerin, dennoch blieb Phil keine Zeit zum Nachdenken. Er gehorchte und nahm die Füße in die Hand.

Sie rannten.

»Was hast du getan, Mann?«, schnaufte Phil, während er mit aller Mühe versuchte, das zunehmende Seitenstechen zu ignorieren.

»Nur drei Portemonnaies. Das Dritte ging in die Hose. Ich bin etwas aus der Übung«, antwortete Kai gehetzt.

»Drei Portemonnaies? Du hast gestohlen?« Vor Wut blieb Phil reflexartig stehen, doch bereits nach einer halben Sekunde überlegte er es sich anders und folgte dem Bruder.

Wohin er denn wolle, hechelte Phil, als Kai am Dorfrand das schmale, geteerte Sträßchen Richtung Ermitage einschlug.

»In die Ermitage natürlich. Du hast doch davon geschwärmt«, gab Kai zurück. »Also sei froh, dass wir hier sind, hier gibt es genügend Verstecke.« Und mit einem überlegenen Grinsen fügte er hinzu, während sich seine Schritte verlangsamten: »Und die alte Tante haben wir mittlerweile abgehängt.«

»Kunststück«, knurrte Phil. Er war nicht nur außer Atem, sondern richtig wütend auf den Bruder, der seine Grundbedürfnisse schamlos ausgenutzt hatte, um innert Minuten krumme Dinge zu drehen. Und noch schlimmer: sich dabei erwischen zu lassen!

Die Brüder bogen kurz nach dem Eingang zur Ermitage links ab und schlüpften durchs Felsentor, einen natürlichen Bogen mit einem kreisrunden Teich davor, von wo aus sich ein Weg in verschlungenen Kurven und in den Waldboden gebauten Holztreppen den steilen Hang hinauf schlängelte in Richtung Ruine Birseck 36. Diese thronte auf dem Gipfel des kleinen Bergsporns und sah im grauen Nebel etwas unwirklich aus. Jedenfalls wäre Phil alles andere als verwundert gewesen, wenn er plötzlich am Fenster des runden Turms mit seinem Kegeldach Rapunzel erspäht hätte.

Weil der Nachmittag mittlerweile schon fortgeschritten war und das Wetter sich von seiner immer unwirtlicheren Seite präsentierte, verschwand die Ruine allmählich im kalten, grauen Nebelvorhang, und der ansonsten bei Spaziergängern beliebte Landschaftsgarten lag weitgehend ausgestorben da. Gut für die Brüder Hirni. Von der Verfolgerin war längst nichts mehr zu sehen und zu hören, und auch eine argwöhnisch dreinblickende Hundebesitzerin, die sie am Eingang bei der ehemaligen Mühle mit einem vernichtenden Blick taxiert hatte, hatte die Ermitage wohl wieder verlassen.

Einige verschlungene Meter weiter kündigte Phil seinem Bruder stolz die Waldbruderklause an, doch dieser tat diese Information mit einer wegwerfenden Bewegung ab. Wahrscheinlich kam ihm, immer noch etwas außer Atem wegen mangelnder Kondition, kein passender blöder Spruch in den Sinn, sonst wäre er ihn sicher losgeworden.

Als sie sich dem kleinen Häuschen mit Kreuz auf dem Dach näherten, an das Phil sich von früheren Besuchen mit seiner Ex erinnern konnte, nahmen sie ein Murmeln wahr. Erst beim zweiten Hinhören konnten sie es als menschliches Geräusch identifizieren: Vor der Klause saß, im

Halbkreis, im Schneidersitz und in ockerfarbene Gewänder gehüllt, eine Gruppe von Menschen, die ihnen den Rücken zugekehrt hatten und von deren gesenkten Köpfen die gedämpften Laute ausgingen.

»Was ’n das?«, zischte Kai.

»Och, irgendwelche Esos wahrscheinlich. Die Ermitage gilt als Kraftort«, erklärte Phil, und gerne hätte er ein »müsstest mir halt zuhören« oder eine andere belehrende Großer-Bruder-Bemerkung platziert, aber er zog es vor zu schweigen. Dass er die Waldbruderklause und ganz allgemein die energiespendenden Orte mit der schwindelerregend hohen Erdstrahlung recht gut kannte, war dem Hang zur Esoterik seiner Exfreundin geschuldet – ein Umstand, den er vor Kai nicht unbedingt ausbreiten mochte. Zumal sein kleiner Bruder, das wusste Phil, keinerlei Gespür für feinstoffliche Bedürfnisse hatte.

Eigentlich wollte Phil sich unauffällig umdrehen und die Gruppe der Esoteriker weiträumig umgehen, bevor sie entdeckt wurden, doch es war zu spät: Von der Seite trat unvermittelt ein weiterer Ockergewandeter mit glänzender Glatze vor das Schutzgitter, das die Vorderseite der Klause verschloss, und zeigte auf die beiden Brüder.

»Da!«, rief er, und seine Stimme machte einen verzückten Salto: »Ich habe es gewusst: Er ist gekommen!«

Zwölf Köpfe drehten sich ruckartig um, und zwölf Augenpaare lagen auf Kai und Phil. »Er ist da!«, riefen nun auch die auf dem Boden Sitzenden, sprangen auf und näherten sich ihnen mit gebeugten Rücken.

»Was geht ab?«

Kai schaute Hilfe suchend zu seinem großen Bruder, doch dieser war mit der Situation ebenfalls überfordert. Erst allmählich begriffen sie, dass ihre Ankunft von der

Gruppe offenbar erwartet worden war. Wieso auch immer, zum Henker!

Als einer der Esoteriker Kais Hand nahm und ehrerbietig seine Stirn an ihr rieb, bevor er sie küsste, zog Kai sie abrupt weg: »Hey, lass das, ja? Willst du Stress?«

Doch der Anbetende hörte nicht hin, sondern verfiel in einen ekstatischen Singsang, aus dem herauszuhören war, dass es nun so weit sei, ein Tag vor Heiligabend, gepriesen sei der Retter.

»Die haben einen Sprung in der Schüssel«, zischte Kai. Phil stand wie angewurzelt neben ihm und musste mitansehen, wie immer mehr Leute seinen Bruder umringten und ihn verzückt berührten.

»Die Lichtgestalt ist da – und ihr Diener«, frohlockte einer.

»Meinen die den Santichlaus mit seinem Schmutzli?«, flüsterte Kai.

»Pssst!«

»Der mit dem Diener ist zu geil, Phil. Den muss ich mir merken. Hihi, das bist du!«

»Pssst. Lass uns mitspielen, das ist unsere Rettung.«

Kai verstand zuerst nicht. Erst auf den zweiten Blick sah er durchs kahle Geäst des Waldes, dass mittlerweile ein Polizeiauto am Eingang zur Ermitage vorgefahren war. Mist! Die Bullen waren ihnen auf den Fersen.

Kai schloss kurz die Augen, holte tief Luft und breitete dann die Arme aus. »Shalom, meine Untertanen«, sprach er. Sofort machte sich absolute Stille breit.

»Ich bin gekommen, um das Licht zu bringen. Einen Tag vor Heiligabend. Dona nobis pacem!«

Phil staunte insgeheim über seinen Bruder. War er plötzlich schlau geworden, der Kleine? Oder vielleicht eher übergeschnappt?

»Halleluja, Ficus benjamini!«, laberte Kai weiter, hob die Arme noch ein wenig höher und rief: »Habemus papam, meine Brüder!«

Was hätte Phil dafür gegeben, genau in diesem Moment im Erdboden oder zumindest in irgendeiner der zahlreichen Grotten der Ermitage 37 zu versinken. Doch sein kleiner Bruder schien seine ihm zugeworfene Rolle innert Sekundenbruchteilen verinnerlicht zu haben.

»Hat der große Berghagamar Haharayah in Indien seine Erleuchtung erlangt?«, meldete sich einer der Ockergewandeten zu Wort.

»Bergahorn… wer?«

»Damit bist du gemeint«, raunte Phil Kai zu und wusste selber nicht, weshalb er das begriffen hatte.

»Ja, ich bin beleuchtet worden! In Indien. Ich bin Bergdingsbums… äh: Also, ich bin es einfach«, donnerte Kai.

Im ungleichen Gespräch mit ihren ganz neuen Anhängern erfuhren sie, dass Berghagamar Haharayah, auf den diese einen Tag vor Heiligabend gewartet hatten, früher Martin Niederhauser geheißen und als Treuhänder gearbeitet hatte, bevor die große Erleuchtung ihn heimgesucht hatte und er aufgebrochen war, um in Indien sein Bewusstsein zu reinigen. Ob er wohl auch sein Konto bereinigt habe, fragte Phil sich nur im Geheimen – viel mehr beschäftigte ihn der wilde Mix aus Religionen, in den sie unversehens geraten waren, und er versuchte vergeblich, die Wichtigkeit des Vortags von Heiligabend irgendwie mit Indien und langen, luftigen Gewändern zu verknüpfen.

Der Glatzköpfige, der sie vorher entdeckt und Kai als ihren Guru erkannt hatte (»mit Diener«, worüber Phil erneut angesäuert den Kopf schüttelte), stellte sich als Krahatila Tinnubabalingrah vor. Während Phil sich fragte, woher der Gute wohl diesen exotisch klingenden Namen hatte, wo er doch dem Aussehen nach eher einer Leimentaler Reihenhäuschensiedlung denn einem positiv schwingenden Dschungeltempel entstammte, umarmte der Mann mit dem langen Namen Kai plötzlich stürmisch.

»Hey, lass das«, wehrte sich dieser, doch sein Bruder gab ihm zu verstehen, dass er diese neue Art der Sympathiebekundung wohl am besten über sich ergehen ließe, und beruhigend wandte er sich an die Ockergewandeten: »Herbamare ist mit euch. Er ist nur ein wenig kitzlig.«

»Wenn der mich nochmals begrabscht, knall ich ihm eine«, fauchte Kai.

»Pssst!«

»Verdammt, kannst du auch was anderes als pssst?«

»Pssst.«

Phil bleckte die Zähne, setzte das belämmertste Lächeln auf, das er im Repertoire hatte, und nickte reihum allen freundlich zu, um die zunehmende Aggressivität der Lichtgestalt zu überspielen.

Sekunden später ereilte ihn dasselbe Schicksal: Auch er wurde von Krahatila Tinnubabalingrah, der mittlerweile wieder intensiv vor sich hin murmelte, so fest umarmt, dass er sich wie in einen Schraubstock eingeklemmt fühlte.

Schließlich rettete allerdings nicht Kai seinen Bruder vor den Aufdringlichkeiten des Glatzkopfs, sondern eine Zweierpatrouille der Polizei, oder vielmehr ein Diensthund, der ihnen quasi als Vorhut vorausgeeilt war und sich bellend vor ihnen aufbaute.

»He, Hunde sind an der Leine zu führen!«, keifte einer

von Kais Anhängern, und Phil ertappte sich dabei, wie er anerkennend Notiz davon nahm, dass der Mann offenbar nicht nur in den verschiedensten Tonlagen murmeln, sondern auch ganze, klar artikulierte Sätze bilden konnte.

Nicht nur der Diensthund war allerdings mit der Polizei unterwegs, sondern auch die von Kai zuvor bestohlene Seniorin, die schwer atmend den Weg hoch zur Waldbruderklause gemeistert hatte.

»Der war's!«, keifte sie, sobald sie den von den Männern in Ocker umrundeten und vom Polizeihund angekläfften Neo-Guru sah, und deutete mit ihrem spitzen Finger auf ihn.

»Was, iiiich? Ich bin doch der Heilsbringer!«

Einer der beiden Polizisten winkte ihn zu sich her: »Kommen Sie mal.«

»Aber ich bin doch voll der Sektenführer von diesen Leuten, ich kann jetzt nicht kommen, ich muss die Welt retten, so kurz vor Heiligabend, Mann!«

»Tu, was er sagt«, raunte Phil, der schon wieder gerne irgendwo versunken wäre, »und denk an das Rollschinkli, das wir morgen essen werden.«

Das hätte er lieber nicht gesagt.

Als hätte er den Leibhaftigen mitsamt seiner Gefolgschaft und sämtlichen negativen Schwingungen dieses Universums beim Namen genannt, drehten sich alle Köpfe wie auf Befehl zu ihm: »Was? Rollschinkli!?!«

Sofort traten alle einen Schritt von ihnen zurück.

»Haben wir richtig gehört: Ihr verzehrt tote Materie anderer Kreaturen, die zum Zwecke des Stillens egoistischer profaner Hungergefühle aus dem Strahl des Lebens gerissen wurden?«, fragte einer der Gläubigen – Phil konnte außer dem Glatzköpfigen keinen von ihnen auseinanderhalten, schließlich sahen sie in ihren Gewändern alle gleich aus.

»Öhm. Also es gibt Kartoffelstock und Bohnen dazu«, schob er erklärend nach. Doch die Katastrophe hatte bereits ihren Lauf genommen.

»Sowohl Kartoffeln als auch Bohnen kann man nur essen, weil man mittels Kochvorgang die toxischen Schwingungen, die ihnen innewohnen, zerstört«, dozierte einer der Anhänger mit tadelnd erhobenem Zeigefinger und atmete verächtlich pfeifend Luft durch seine große, knollige Nase ein.

»Ich glaube, wir haben die verwechselt«, meldete sich ein anderer zu Wort.

»Doch doch, ich bin doch euer Herbar Hahairgendwas«, versuchte Kai sich zu verteidigen, doch schon kreischte einer »Verräter« und hob eine Handvoll Kieselsteine auf, um ihn damit zu bewerfen.

»Friede sei mit euch«, beschwichtigte der zweite Polizist, der bisher geschwiegen hatte.

»Aber ich bin doch ihr Messias oder so was!«, insistierte Kai, doch seine Stimme klang nicht mehr sehr überzeugend.

Der Polizist sah ihn mit hochgezogenen Augenbrauen an: »Aha. Sicher? Wollen wir eure ockerfarbenen Jünger nochmals dazu befragen?«

»Nein nein, okay, wir kommen ja mit«, beeilten sich die Brüder zu sagen, worauf der Polizist antwortete: »Dann befragen wir Sie doch gerne zu was ganz anderem!«

Die Verhaftung war schlimm. Vor allem für Phil. Er fühlte, dass er auf der ganzen Linie versagt hatte. Nicht nur hatte er es nicht geschafft, seinen kleinen Bruder ein paar lumpige Stündchen von kriminellen Taten abzuhalten, sondern er hatte sich sogar von der Polizei aus den Fängen wild gewordener Esoteriker retten lassen müssen. Was wohl Mam dazu sagen würde?

Die Fahrt im Dienstwagen zum Polizeistützpunkt Reinach dauerte nur ein paar Minuten. Dann kam eine anständige Leibesvisitation dran. Doch die Polizei fand nichts. Kais Taschen waren leer. Dieser verstand die Welt nicht mehr. Die drei fremden Portemonnaies waren weg. Nicht einmal sein eigenes trug er noch bei sich – was auch bei Phil der Fall war. Sie waren bestohlen worden!

Erst langsam dämmerte es Phil. Das war dieser Krauti Baba Dingsda gewesen, der sie umarmt hatte. Ein Taschendieb mit positiven Schwingungen, der dieses eigenartige Segnungsritual – oder was der Leimentaler Hilfsguru auch immer damit gemeint hatte – schamlos missbraucht hatte, um sie zu beklauen!

»Verdammt noch mal!«, entfuhr es Phil, aber als ein Polizist ihn streng ansah, schwieg er lieber. Was hätte er denn tun sollen? Anzeige erstatten? Das glaubte ihm doch eh kein Mensch!

In den Computern der Kriminalpolizei bereits vermerkt und bestens dokumentiert zu sein, konnte auch positive Auswirkungen haben: Dies mussten Kai und Phil eingestehen, nachdem sie zum Polizeistützpunkt Liestal chauffiert worden waren und dort dank erkennungsdienstlicher Behandlung ihre Identität sehr schnell verifiziert werden konnte. So kam es nicht zu unnötigen Wartezeiten in kahlen Zellen. Und da bei den beiden Festgenommenen kein Deliktsgut festgestellt werden konnte, wurden sie schließlich aus dem Polizeigewahrsam entlassen.

»Auf Wiedersehen, meine Herren«, verabschiedete Phil sich überschwänglich von den sie auf freien Fuß setzenden Polizisten. Kai beschränkte sich auf ein »grmpf«.

»Warum bist du denn so glücklich, dass die Bullen uns mitgenommen haben, du Lackaffe?«, blaffte er den älteren Bruder an, sobald sie außer Hörweite waren, »immerhin wurden wir bestohlen und müssen ein Zugbillet zurück nach Basel lösen. Dabei bin ich doch heute schon schwarzgefahren!«

Kai schien sich gar nicht mehr zu beruhigen und konnte Phils gute Laune damit dennoch nicht trüben.

»Denk doch mal nach«, jubilierte dieser, nachdem er übermütig ein paar Takte aus »Jingle Bells« vor sich hin gepfiffen hatte: »Wir haben quasi den polizeilich geprüften Beweis, dass du nichts Kriminelles getan hast. Den ganzen Tag lang. Total sauber. Diesem Gütesiegel muss sogar Mam Glauben schenken. Das heißt: Das Rollschinkli ist gerettet!«

26 In der ganzen Schweiz finden sich in Bahnhöfen – und von den Pendlern oft gar nicht beachtet – sehenswerte Gemälde. Jene in der Schalterhalle des Bahnhofs Basel beispielsweise zeigen bekannte Schweizer Landschaften und waren ursprünglich gewissermaßen Tourismuswerbung am Tor zur Eidgenossenschaft. Besonders großflächig und eindrücklich ist das Bild »Vierwaldstädtersee« des Malers Ernst Hodel aus dem Jahr 1927, das von einer Seitenwand der Schalterhalle erstrahlt und mit den Maßen von fünf auf 15 Metern zu den größten Wandbildern der Schweiz überhaupt gehört. An anderen Wänden in der Schalterhalle finden sich beispielsweise das Jungfraujoch, der Silsersee, Gstaad oder Zermatt mit dem Matterhorn sowie der Rhonegletscher. Ein Blick in die Höhe lohnt sich.

27 Zehntausende pilgern jährlich zum Kloster Mariastein, dem zweitwichtigsten Wallfahrtsort der Schweiz, gelegen in einer Solothurnischen Enklave zwischen dem Baselbiet und dem Elsass. Hier soll Maria mittels Fallwunder gleich zwei Unglückliche vor einem Sturz über die eindrücklichen Felsen gerettet haben, nämlich ein Hirtenkind und einen adeligen Junker. Eine Handvoll Benediktinermönche betreibt das Kloster, das für seine Gnadengrotte weitherum berühmt ist. www.kloster-mariastein.ch

28 Die Tramlinie 10 der BLT (Baselland Transporte) ist nichts Geringeres als die längste internationale Stra-

ßenbahnstrecke Europas. Sie ist über 25 Kilometer lang und führt von Dornach-Arlesheim durchs Birseck über die Stadt Basel und das Leimental – mit einem Abstecher in die elsässische Gemeinde Leymen – bis nach Rodersdorf. Auf ihrer mehr als 60-minütigen Fahrt durchquert die Tramlinie der Superlative drei Kantone und zwei Länder sowie eine breite Palette an Landschaften von der offenen Landwirtschaftsfläche bis zur engbebauten Innenstadt.

29 Die Reinacher Heide ist ein »Naturschutzgebiet von nationaler Bedeutung«. Sie zeigt ein einzigartiges Mosaik an Lebensräumen, von der Magerwiese mit seltenen Orchideen bis zum Auenwald und von der Heide bis zum Fluss. Zwar ist das kleine Naturjuwel bloß 39 Hektar groß und weitgehend von Verkehrswegen oder Siedlungsgebiet umringt, und dennoch findet sich hier fast die Hälfte aller Pflanzenarten, die im Kanton Baselland vorkommen. Auch eine Biberfamilie hat sich hier niedergelassen.

30 Die Ermitage bei Arlesheim ist der größte Englische Landschaftsgarten der Schweiz und steht sowohl unter Denkmal- als auch unter Naturschutz. Das 40 Hektar große Gelände umfasst Wald, Magerwiesen, mehrere Weiher, Gebäude, zahlreiche Grotten (siehe 37) und eine Burgruine (siehe 36). Die Anlage wurde ursprünglich 1785 eingeweiht, allerdings bereits acht Jahre später von französischen Revolutionstruppen zerstört und erst zwischen 1810 und 1812 aufgebaut. Heute steht sie unter Schutz und wird von einer Stiftung getragen. Die Ermitage ist als Kraftort weithe-

rum bekannt: Sie soll es auf eine fabelhaft intensive Erdstrahlung von 75.000 Boviseinheiten bringen. www.ermitage-arlesheim.ch

31 Der Arlesheimer Dom ist der einzige Dom der Schweiz. Er wurde im Jahr 1681 geweiht und beherbergt die einzige, weitgehend original erhaltene Silbermannorgel des Landes. Das Instrument des legendären Orgelbauers Johann Andreas Silbermann stammt aus dem Jahr 1761. Dank diesem Juwel finden in Arlesheim immer wieder Konzerte mit internationalen Orgelmusik-Größen statt.

32 Das Goetheanum überblickt von Dornach aus das Birseck und ist gleichzeitig Sitz und Tagungsort der »Allgemeinen Anthroposophischen Gesellschaft«, der »Freien Hochschule für Geisteswissenschaften« sowie ein Festspielhaus. Den Bau aus Sichtbeton, errichtet in den Jahren 1925 bis 1928, hat der Esoteriker und Anthroposophie-Gründer Rudolf Steiner entworfen. Mit den Maßen von 90 auf 85 Metern und wegen seiner runden und skulpturalen Formen ist es nicht zu übersehen. www.goetheanum.org

33 Der Gempenturm, ein Aussichtsturm von 28 Metern Höhe, findet sich oberhalb der gleichnamigen Gemeinde und auf dem gleichnamigen Berg nahe am Abgrund der spektakulären gleichnamigen Felsenfluh. Von Turm aus bietet sich eine sensationelle Aussicht aufs Baselbiet und die Stadt Basel bis zum Schwarzwald und den Vogesen. 115 Treppenstufen führen auf die oberste Plattform des Stahlfachwerk-

turms, in dessen unmittelbarer Nähe sich die Bärgbeiz Gempenturm befindet.

34 Die Ruine Dorneck liegt oberhalb des Dorfes Dornach (SO) und ist ein beliebtes Ausflugsziel mit schöner Aussicht aufs Tal der Birs und darüber hinaus bis nach Basel und ins Elsass. Die mächtige Höhenburg, die im Laufe ihrer rund 1000-jährigen Geschichte unzählige Male verkauft und verpfändet wurde, diente jahrhundertelang als Festung gegen Bedrohungen vom Rhein oder vom Elsass her. Neben vielen Mauerresten finden sich auf der Dorneck auch einige mehr oder weniger erhaltene Türme sowie der Sodbrunnen. Die Burganlage ist von Mitte März bis Mitte November für die Bevölkerung zugänglich.

35 Der Hügelzug des Blauen zieht sich auf der Nordseite des Laufentals und bildet ganz im Westen die natürliche Grenze zwischen der Schweiz und Frankreich. Er ist ein beliebtes Wandergebiet, und an seinem Südhang finden sich mehrere für den Naturschutz sehr bedeutende Magerweiden, deren Ursprung ins Mittelalter zurückgeht. Übrigens gibt es nicht nur den Schweizer Blauen, sondern im Schwarzwald sowohl den Zeller Blauen als auch den Blauen bei Badenweiler. Ähnlich wie die verschiedenen Belchen (siehe 123) dürften die Blauen den Kelten zur Zeitmessung gedient haben.

36 Die Ruine Birseck ist Teil des Ensembles der Ermitage (siehe 30) von Arlesheim, bei deren Gründung sie als Kulisse integriert wurde. Allerdings ist sie viel älter, ihre Wurzeln reichen bis mindestens in die Mitte

des 13. Jahrhunderts zurück. Bischöfe nutzten sie als Residenz, und 1270 soll sogar der Papst auf Besuch gewesen sein. Später wurde sie verkauft, verpfändet, versteigert und als Steinbruch benutzt. Heute ist die Ruine im Sommerhalbjahr für Besucher geöffnet.

37 In der Ermitage (siehe 30) befinden sich zahlreiche Grotten. Ein Teil davon ist für die Bevölkerung zugänglich. Die Grotten sind ein fester Bestandteil des Ensembles des englischen Landschaftsgartens und tragen so klingende Namen wie Dianagrotte, Diogenesgrotte, Proserpinagrotte oder Apollogrotte. Apropos Mythologie: Ob wirklich je ein Eremit in der Ermitage gewohnt hat, ist ein Geheimnis, das noch niemand lüften konnte.
Wer sich eingehender mit der Ermitage und ihren Mysterien befassen möchte, kann an Führungen teilnehmen, die regelmäßig durchgeführt werden.
www.ermitage-arlesheim.ch

BLUESCHTFAHRT IM BASELBIET

Margrith war guter Dinge, als der moderne, vollklimatisierte Car des Reiseunternehmens Hugentobler eines Frühlingsmorgens irgendwo durchs Schweizer Mittelland kurvte, um einen nach dem anderen eine muntere Truppe aus 32 Seniorinnen und Senioren an Bushaltestellen und vor ehemaligen Gasthäusern aufzupicken.

»Komm doch mal mit in unsere Seniorenferien. Mit deinen bald 80 Jahren passt du doch da hin«, hatte ihre Tochter Irene ihr die Vorzüge des überregionalen Altersvereins, in dem sie sich ehrenamtlich engagierte, immer wieder in den buntesten Farben ausgemalt. Es würde ihr guttun, mal wieder unter Leute zu kommen, damit sie sich ihre Mödeli wieder abgewöhnen könne und ihre Eigenbrödelei durchbrochen werde, hatte Irene gesagt, und: »Tapetenwechsel ist immer gut.«

Der Grund, warum Margrith nun wirklich mit einem kleinen Rollköfferchen an der Postautohaltestelle ihres Dorfes stand, waren aber weder ihre Mödeli (die sie eigentlich ganz gern mochte und sich deshalb garantiert nicht abgewöhnen wollte) noch ihr Wunsch nach anderen Tapeten, sondern eher jener nach der Ruhe vor den ewigen gut gemeinten Ratschlägen Irenes. Also ging Margrith halt unter die Leute. Obwohl sie gewisse Geheimnisse hatte in ihrem Leben, die niemanden etwas angingen.

Auch ihrer Freundin Rosmarie zuliebe kam sie mit. Diese wollte schon seit Jahren an einer solchen Reise teilnehmen, mochte aber nicht alleine gehen. Und nun also eine mehrtägige Blueschtfahrt **38** ins Baselbiet mit den 32 Seniorinnen und Senioren des Altersvereins. »Blüten und Burgen«, standen auf dem Programm, und Aktionsbasis war das Hotel Bad Bubendorf **39**, wo man sechs Nächte verbringen wollte.

»Oh, ich freue mich aufs Schwimmbad!«, jubilierte Rosmarie, als der Bus sie alle auf dem Parkplatz ausspie. »Und ich auf die Nixen im Pool, hö hö hö«, doppelte Fredy nach, aber außer ihm und der brav mitkichernden Rosmarie lachte keiner über seinen Witz. Dann zerstörte der Reiseleiter die Erwartungen, indem er erklärte, dass das Hotel wohl das »Bad« noch in seinem Namen trage, es allerdings seit geraumer Zeit keinen Badebetrieb mehr gebe.

Dennoch war alles optimal: Der Himmel blau, das Wetter schön, die Zimmer angenehm und das Essen nach dem Spaziergang vorzüglich. Der erste richtige Ausflug tags darauf führte, wie es sich für eine Reise unter dem Motto der Kirschblüten gehörte, kreuz und quer durchs Baselbiet, und alle genossen die Fahrt. Als krönender Abschluss stand ein Besuch im botanischen Eldorado der Merian Gärten **40** vor den Toren Basels auf dem Programm, wo es eine Führung durch die frühlingsblühenden Anlagen rund um die historischen Gebäude des Gutshofs und der mittelalterlichen Mühle **41** gab, deren Wasserrad zu Schauzwecken sich munter drehte.

Am nächsten Morgen eröffnete Rosmarie ihrer Freundin im gemeinsamen Doppelzimmer aufgeregt ein Geheimnis: Sie habe sich Hals über Kopf in den Teilnehmer Fredy verliebt, der mit dem schlanken Körper und dem umwerfenden Charme, berichtete sie und errötete leicht.

»Oh, wie schön für dich«, sagte Margrith, die wusste,

dass Rosmarie sich seit dem Tod ihres Mannes eine neue Partnerschaft gewünscht hatte. Im Gegensatz zu ihr selber, der ganz wohl war alleine.

»Weißt du, er ist so charmant und witzig«, schwärmte Rosmarie. »Und wir sind beide total ineinander verschossen. Dass ich das nochmal erleben darf! Und weißt du was? Er ist früher – und sogar heute noch manchmal – als Musiker aufgetreten. Dann macht er als Alleinunterhalter an Hochzeiten und bei Geburtstagsfeiern Stimmung. Ach, er ist ein wahrer Gott, wenn er auf seiner Mundharmonika spielt.«

Mundharmonika?

Es war, als würde jemand Margrith den Boden unter den Füßen wegziehen. Augenblicklich wurde ihr heiß und kalt zugleich. Ausgerechnet Mundharmonika.

»Ich hoffe, die hat er nicht dabei?«, fragte sie hastig. Verständnislos sah Rosmarie ihre Freundin an: »Doch, natürlich hat er sie dabei. Er hat mir gestern Abend sogar etwas vorgespielt. ›Michelle ma belle‹ von den Beatles! Wir sind« – und an dieser Stelle kicherte sie verschämt, bevor sie fortfuhr – »noch spazieren gegangen und haben ein Bänkli gefunden, auf das wir uns gemeinsam gesetzt haben. Es war so romantisch. Und als es dunkel wurde, hat er mir sein bestes Stück – also ich meine natürlich seine goldene Mundharmonika! – gezeigt, und ich hab ihm beim Spielen zugehört. Aber warum meinst du?«

Margrith gab keine Antwort. Bitte keine Mundharmonika! Nur das nicht! Sie war doch seit Jahren sauber!

»Ist was?«, hakte Rosmarie beunruhigt nach.

»Nein, nein!«

»Findest du es denn nicht schön, wenn unsereiner sich nochmals verliebt, und er, und er …« Sie wusste nicht mehr weiter.

»Doch doch«, beeilte Margrith sich zu sagen und gab sich alle Mühe, nicht an die Mundharmonika zu denken. Aber der Film hatte bereits vor ihrem inneren Auge zu laufen begonnen und katapultierte sie fast ein halbes Jahrhundert zurück. Und nach Hause, wo im Luftschutzkeller ihres kleinen Häuschens irgendwo im Schweizer Mittelland die Resultate ihrer geheimen Schwäche lagerten: Mundharmonikas. Viele, wirklich viele. Und noch andere Musikinstrumente.

Musikinstrumente waren Margriths Problem: Sie liebte sie über alles. Sie waren ihre erste Liebe, und sie würden ihre letzte sein. Aber es reichte ihr nicht, ihnen nur zuzuhören oder gar selbst darauf zu spielen – das konnte sie gar nicht –, sondern sie musste sie besitzen. Das war ihr lebenslanges Geheimnis, ihr dunkler Fleck in der Persönlichkeit, ihre Manie. Und erst nach Jahrzehnten der Sucht hatte sie es geschafft, davon loszukommen, ohne auch nur einmal im Leben bei einem Diebstahl erwischt worden zu sein.

»Sie sind wie eine Elster, die zwar nicht alles Glänzende, jedoch alles Musikalische stiehlt«, hatte ein Heiler einmal ihre Kleptomanie zu beschreiben versucht und ihr einen sündhaft teuren, aber leider vollkommen wirkungslosen Saft aus verschiedenen Kräutern angedreht. Dieser Heiler war der einzige Mensch gewesen, dem sie ihr Problem je anvertraut hatte. Danach hatten seine zu Therapiezwecken benutzten kubanischen Bongo-Trommeln gefehlt, und Margrith war nicht mehr zu ihm gegangen.

Na ja. Die Bongos des Heilers waren nur eine drittklassige Beute gewesen. Nicht sonderlich ruhmreich. Margriths Lieblingsinstrumente der Sammlung waren nach wie vor Eric Claptons Gitarre, Bob Dylans Mundharmonika und ein Schlagzeugstick von Ringo Starr – leider nur einer, das dämpfte diesen Erfolg ein wenig, denn den zweiten hatte sie auf der Flucht vor dem Sicherheitspersonal verloren, und das ganze Schlagzeug mitlaufen zu lassen, war halt nicht machbar gewesen.

Ja, als sie jung gewesen war, so als attraktives Ding, bevor Heinz ihr die Flügel gestutzt und sie Irene dann doch allein großgezogen hatte, da war Margrith europaweit an Konzerten rumgetingelt. Ihr unwiderstehliches Aussehen und ihr betörender Augenaufschlag hatten ihr, dem Young Swiss Girl mit dem harmlosen Namen Maggy, entscheidend geholfen, an die Typen – oder besser gesagt an deren Musikinstrumente – heranzukommen. Denn die Stars verschiedenster Couleur hatten immer zu spät bemerkt, dass sie es gar nicht auf ihre Männlichkeit, sondern nur auf die Instrumente abgesehen hatte.

Viel, viel später war sie dann clean geworden. Nach Modern Talkings Synthesizer in den Achtzigern. Das war der letzte Coup gewesen, und danach war sie trocken geblieben. Wenigstens fast. Na ja, die Gelegenheiten waren nicht mehr so günstig gewesen wie früher, so mit zunehmendem Alter, aber das eine oder andere Handörgeli einer Ländlerkapelle oder eine Schnuuregyyge eines Unterhaltungsduos hatten trotzdem noch den Weg gefunden in die geheime Sammlung im Luftschutzkeller.

»Was würdest du denn in einer solchen Situation tun?«, drang eine Frage plötzlich aus dem Nichts in ihr Bewusstsein. Oh, sie war ja hier im Hotel Bad Bubendorf. Und die da mit ihr redete, war Rosmarie.

Erst jetzt merkte Margrith, dass ihre Freundin offenbar permanent weitergeredet hatte, ohne dass deren Worte in ihre Ohren gedrungen waren.

»Ich – äh – entschuldige, ich war gerade nicht bei der Sache.«

Aber anstatt beleidigt zu sein, dass die Freundin ihr nicht zugehört hatte, sagte Rosmarie nur »Ach …« und schaute verträumt aus dem Fenster des Hotelzimmers, wo eben eine rot und cremefarben angestrichene Waldenburgerbahn 42 die Haltestelle verließ. Ein Graureiher flog mit erhabenen Schwingenschlägen im rechten Winkel zur Bahn über eine Wiese davon und machte »kraah«.

Probleme gab es schon am Tag darauf. Margrith schaffte es einfach nicht, sich von Fredy fernzuhalten, was ihre Freundin Rosmarie wiederum mit zunehmender Skepsis quittierte. Beide konnten das Farbenfeuerwerk des Frühlings, das sich ihnen bot, nur bedingt genießen. Das Weiß der Kirschblüten, das Gelb des Löwenzahns auf den grünen Weiden, das Blau des Himmels.

Schließlich kam es, wie es kommen musste: Noch am selben Abend bekam Rosmarie einen Eifersuchtsanfall, beschuldigte Margrith, ihr ihre neu entflammte Leidenschaft nicht zu gönnen und sich Fredy stattdessen selber unter den Nagel reißen zu wollen, und zog mit wehenden Fahnen von ihrem Zimmer über den Korridor ins Zimmer gegenüber, wo ihr Eros residierte. Margrith bedauerte den Streit zwar, aber dass sie weiterhin nur Fredys Mundharmonika vor Augen hatte, konnte sie auch nicht ändern.

Am nächsten Tag, bei einem Ausflug ins Leimen- und danach ins Laufental, achtete die verliebte Rosmarie mit akribischer Konzentration darauf, ihre Freundin von ihrem neuen Lover fernzuhalten. Hugo, ein pensionierter Postbeamter, machte sich diese Tatsache zunutze, um seinerseits Margriths Nähe zu suchen. Er wich weder beim Kaffeehalt mit Blick auf die Ruine Landskron 43 im nahen Elsass noch bei der Besichtigung des Schlosses Zwingen 44 oder beim Besuch der historischen Altstadt von Laufen 45 von ihrer Seite und erzählte viel, aber da er sich als gänzlich unmusikalisch outete und sagte, er habe, Gott behüte!, noch nie in seinem Leben ein Musikinstrument besessen, hatte Margrith kein Interesse an ihm. Auch Toni, ein anderer Reiseteilnehmer, hatte offenbar beschlossen, mit Heldenmut gegen Margriths plötzliche Verlassenheit durch Rosmarie anzukämpfen. Dies führte zu ein paar verbalen Hahnenkämpfen beim Abendessen zwischen Hugo und ihm, aber Margrith war auch an Toni nicht interessiert: Er war zwar durchaus musikalisch, aber er sang bloß im Männerchor, und das half ihr auch nicht weiter. Am Nachmittag hatte sie noch einen Adrenalinschub verspürt, als er in einem Café in Laufen auf ihre Frage, ob er denn ein Musikinstrument spiele, mit einem warmen Lächeln genickt hatte. Aber dann sagte er »ich bin Organist in der Kirche St. Josef«, und sie hatte sich gedanklich von ihm abgewandt.

Den nächsten Tag verbrachte Margrith vor allem damit, mit sich selber zu ringen – und dies nach außen hin zu verbergen. Aber alles half nichts: Plötzlich war es, als wären die Jahrzehnte der Abstinenz gar nicht da gewesen, als wäre sie nie clean gewesen und als sei ihre wahre Berufung endlich wieder in ihr Herz zurück gekehrt: Ein Königreich für Musikinstrumente!

Dass ausgerechnet ihre Freundin sich mit dem einzigen Musikinstrumentenbesitzer der ganzen Gruppe zusammengetan hatte, machte die Sache wirklich nicht einfacher. Einen Augenblick lang überlegte Margrith, als Ersatzhandlung eventuell das kleine Klavier mitlaufen zu lassen, das sie in einem Saal des Hotels entdeckt hatte, aber dieser

Plan scheiterte schlicht am Gewicht der anvisierten Beute. Und sie konnte wohl schlecht den Carchauffeur bitten, ihr am Ende der Reise neben ihrem Rollköfferchen auch das Hotelpiano in den Bus zu packen.

Abends, als die Seniorengruppe nach einem ereignisreichen Tag voller Blüten und Burgen wieder auf dem Parkplatz des Hotels aus dem Reisecar gespuckt wurde, stach Margrith sofort ein Plakat ins Auge, das jemand auf ein Holzschild gekleistert und am Straßenrand aufgestellt hatte. Es warb für ein Konzert des lokalen Musikvereins 46. Sofort war ihr Puls auf 180, nur um Sekundenbruchteile später einer bitteren Enttäuschung Platz zu machen: Der Auftritt fand erst in drei Wochen statt. Bis da war sie längst wieder zu Hause, und als Zugfahrerin lohnte sich ein Besuch kaum. Nicht wegen mangelnder ÖV-Verbindungen zwischen ihrem Wohnort und der betreffenden Mehrzweckhalle, sondern weil Margrith so wieder nur wenig Beute würde machen können. Dabei waren Musikvereine sehr ergiebig, gerade auf dem Land, denn da gab es noch Urvertrauen in die Ehrlichkeit der Mitmenschen, und nach dem Auftritt harrten die Instrumente meistens allein in irgend einem unabgeschlossenen Raum aus, während die Musiker auf den Erfolg ihres Konzerts anstießen.

Doch bereits tags darauf, am Nachmittag des fünften Tags der Reise, ergab sich die Gelegenheit, die Margrith herbeigesehnt und dennoch gefürchtet hatte wie der Teufel das Weihwasser, seit sie von der Existenz von Fredys Mundharmonika wusste: Sein Instrument lag unbeaufsichtigt in ihrer Reichweite. Und Gelegenheit macht ja bekanntlich Diebe.

Es geschah beim Schloss Wildenstein 47. Die Vögel zwitscherten nach Herzenslust, die Sonne streichelte Wiesen und Wälder, und die Seniorengruppe versammelte sich im Innenhof dieser einzigen erhaltenen Höhenburg des Kantons Baselland.

Margrith hatte gezögert, ob sie an der angebotenen Führung durch den Wohnturm teilnehmen sollte, hatte sich dann aber für einen Spaziergang als individuelles Alternativprogramm entschlossen, da sie ein Zusammentreffen mit einer Laute oder einem anderen historischen Musikinstrument fürchtete, dessen Anwesenheit in dem alten Gemäuer nicht ausgeschlossen war. Sie wollte sich lieber nicht in Versuchung bringen, weshalb sie zum Eichenhain 48 mit seinen jahrhundertealten, knorrigen Baumriesen hinüberschlenderte. Danach umrundete sie die Burg auf dem Informationspfad 49, der sie über das Leben auf Wildenstein und deren Besitzer aufklärte, und erschrak fast zu Tode, als unterhalb eines steilen Felsens plötzlich aus dem Nichts eine Frauenstimme zu ihr zu sprechen begann. Erst nach ein paar Sekunden begriff Margrith, dass sie in einen Bewegungsmelder hineinspaziert war, der eine Märchenstation aktivierte.

Als sie den Wegweiser zu einem Wasserfall 50 sah, folgte sie dem schmalen Pfad und gelangte wenig später zu einem lauschigen, geschützt im Wald gelegenen Ort, der an landschaftlichen Reizen nicht geizte. Genau hier entdeckte sie Rosmarie und Fredy, die sich hierher zurückgezogen hatten. Engumschlungen saßen sie auf einer Sitzbank aus Holz, hinter sich eine Felswand und vor sich das stäubende Wasser, und erzählten sich gegenseitig etwas in Worten, wie nur Verliebte sie verstehen. Sie hatten sich gänzlich einander zugewandt und der Welt buchstäblich den Rücken gekehrt, nahmen nichts anderes mehr wahr als ihr Gegenüber. Auch nicht die goldene Mundharmonika, die neben

Fredy auf dem feuchten Holz der Bank lag. Und vor allem nicht Margrith, deren Augen daran klebten und die sich von hinten näherte.

Ehe Margrith es sich versah und ehe ihre Vernunft etwas dagegen unternehmen konnte, hatten ihre Füße ihr nämlich bereits befohlen, sich anzupirschen. Ihr Jagdfieber war geweckt, ihr Körper schaltete auf Autopilot, und sie sah nur noch das funkelnde Instrument, das einem Goldbarren gleich völlig vernachlässigt neben Fredy lag.

Margrith wurde zum Jaguar im Dschungel. Sie wusste, dass sie es noch konnte: Das geschmeidige, lautlose Anschleichen klappte trotz zunehmend steifen Gelenken erstaunlich gut, und ihr Körper versprühte ein trunkenes Feuerwerk aus Adrenalin und Glückshormonen, als sie sich im Schutz der steilen Felswand näherte und das Instrument schließlich mit vor Aufregung schweißnassen Händen ergriff.

Alles wäre gut gegangen, wäre da nicht dieser kleine, knackende Zweig gewesen, der sich, trocken und brüchig wie er war, hinterhältig unter ihre fliehenden Füße geworfen und sie so verraten hatte. Margrith verstand die wütenden Worte nicht, die Fredy ausstieß, als er das Fehlen seiner Mundharmonika neben sich bemerkte.

So schnell es ging, trat sie den ungeordneten Rückzug an. Der Pfad war eigentlich ein guter Fluchtweg, und wenn sie Glück hatte, hatten weder Fredy noch Rosmarie sie erkannt, ehe sie zwischen Felsen und Gebüsch verschwinden konnte, dann wäre …

Weiter kam Margrith nicht mit ihren Gedanken. Denn in der Eile stolperte sie über einen spitzen Stein auf dem Weg, strauchelte und stürzte. Dabei purzelte ihr die Mundharmonika aus der Tasche.

Es war ein harter Aufprall. Und alles war vorbei.

»Das glaub ich jetzt aber nicht«, rief es hinter ihr. Fredy baute sich über ihr auf und starrte abwechselnd auf sie und auf sein Instrument, das goldglänzend im feuchten Kraut lag.

»DU hast …?« Seine Stimme brach ab, und Enttäuschung und Zorn stritten gleichermaßen um die Vorherrschaft seiner Mimik.

Margrith rieb sich das Knie, richtete sich ächzend auf und schlug die Augen nieder: »Tschuldigung …«

Dass Rosmarie hinter ihrem Liebhaber her gestürzt kam und, als sie begriff, was vor sich ging, ihrer Freundin eine schallende Ohrfeige verabreichte, deren Echo an den steilen Felswänden rund um den Sormattfall widerhallte, machte die Sache auch nicht besser.

Margrith fühlte sich mies. Sie hatte verloren.

Sie dachte an ihre Instrumentensammlung im Luftschutzkeller und wusste, dass die Zeit gekommen war, sich von ihr zu verabschieden. Und das schmerzte um ein Vielfaches mehr als das aufgeschlagene Knie.

Sie behielt recht. Alles kam raus. Gleich nach ihrer Rückkehr aus dem Baselbiet – sie absolvierte die Heimreise nicht mit der Gruppe im Car, sondern im Polizeiauto und mit einem verbundenen Knie – wurde ihr Haus durchsucht, und ihre Musikinstrumentensammlung wechselte das Domizil. Fortan moderten ihre Schätze in der Asservatenkammer der Kantonspolizei ihres Wohnkantons vor sich hin.

Ein halbes Jahr später, im Herbst, war die Gerichtsverhandlung, irgendwo im Schweizer Mittelland. Vor dem

Gerichtsgebäude, zu dem Margrith in Begleitung ihrer händeringenden Tochter Irene kam, warteten Rosmarie und Fredy auf sie. Arm in Arm. Die Freundin betonte, sie sei wegen der Mundharmonika nicht mehr wütend auf sie. Sie habe ihr vergeben. Fredy räusperte sich etwas gehemmt und wich Margriths Blick aus. Diese dachte sowieso viel mehr an Eric und Bob und Ringo und an deren Instrumente in der Asservatenkammer, wo sie lagen, vergessen und ungeliebt.

Die Gerichtsverhandlung dauerte lange, und Margrith kam sich ein bisschen vor wie ein Stück Vieh auf dem Markt, über das debattiert und dessen mentale Gesundheit analysiert wurde.

Aber sie verwendete ihre Gedanken lieber dahingehend, Pläne für die nächste Zukunft zu schmieden. Beispielsweise sich zu überlegen, wann sie wieder in die Stadt würde fahren können, denn dort gab es Straßenmusiker. Weil, ja, irgendwie war Nervenkitzel halt doch unterhaltsamer als die ständige Askese.

»Haben Sie noch etwas zu sagen?«, holte der Richter sie unversehens aus ihren Träumereien.

»Ich gelobe Besserung«, sagte Margrith im Brustton der Überzeugung und kreuzte in Gedanken ihre Finger hinter dem Rücken.

»Aber eine Frage habe ich noch, Herr Richter: Spielen Sie ein Musikinstrument?«

38 Eine Blueschtfahrt – oder noch viel besser eine Blueschtwanderung, was noch viel eindrücklicher ist, da mit allen Sinnen erlebbar – ist ein Muss für alle, die sich im Baselbiet aufhalten, wenn gerade die Kirschbäume blühen. Dies ist meist zwischen Ende März und Anfang Mai der Fall und variiert je nach Höhelage. Früher galt der Kanton Baselland als Kirschenkanton par excellence, und auch heute noch versinkt die Landschaft während des Bluescht (= Blütezeit) im Blütenmeer. Noch immer stammt nämlich fast die Hälfte der Schweizer Tafelkirschen und ein Großteil der Konservenkirschen aus der Nordwestschweiz – auch wenn bedauerlicherweise Jahr für Jahr mehr der einst landschaftsprägenden Hochstamm-Obstbäume gefällt werden, von denen es in der Mitte des 20. Jahrhunderts rund eine halbe Million gab im Baselbiet.

39 Zwar hat das Bad Bubendorf eine lange Geschichte als Heilbad, heute aber ist es einfach Hotel und Restaurant. Hier kann man sowohl einfache, währschafte Gerichte (in der geschichtsträchtigen »Wirtschaft zum Bott«) genießen als auch Gourmet-Küche mit Gault-Millau-Punkten (in der Osteria Tre). Im Übrigen gilt das Bad Bubendorf als »Baselbieter Rütli«, da sich hier im Jahr 1830 Bewohner des Basler Hinterlands trafen, um Gleichberechtigung zwischen der Stadt- und der Landbevölkerung zu fordern – was die Obrigkeit verweigerte und woraus nach politischen Kämpfen und kriegerischen Auseinandersetzungen drei Jahre spä-

ter die Trennung der Kantone Basel-Stadt und Basel-Landschaft resultierte. www.badbubendorf.ch

40 Die Merian Gärten – auch bekannt unter ihrer früheren Bezeichnung »Botanischer Garten Brüglingen« – liegen am Stadtrand von Basel auf Münchensteiner Boden und sind eine wahre Oase. Unzählige Pflanzen finden sich zwischen lauschigen Spazierwegen, und auch Tiere alter Hausrassen leben auf dem Areal. Verschiedene botanische Sammlungen wie Iris, Fuchsia, Pfingstrosen oder Rhododendren leisten einen wertvollen Beitrag zum Erhalt von kulturellem Erbe. Die Merian Gärten sind nach Christoph Merian benannt, einem Basler Financier, dessen gleichnamige Stiftung die Gärten heute trägt. Ein vielfältiges Angebot an Naturbildung, Veranstaltungen und Führungen ermöglicht den Zugang zur Natur für Jung und Alt. www.meriangärten.ch

41 Das Mühlemuseum in Brüglingen befindet sich in einer Getreidemühle aus dem 16. Jahrhundert im Areal der Merian Gärten (siehe 40). Das Mühlrad wird mit dem Wasser aus einem künstlich angelegten Kanal gespeist und ist immer noch funktionstüchtig.

42 Die Waldenburgerbahn – liebevoll »das Waldenburgerli« genannt – verkehrt im Halbstundentakt zwischen Liestal und Waldenburg. Auf der Fahrt durchquert die Schmalspurbahn das ganze Tal der Vorderen Frenke. Im Jahr 2022 wird wegen kompletten Neubaus der Bahnstrecke und gleichzeitiger Erweiterung der Spurbreite das »Waldenburgerli« während eines Jahres durch Busse ersetzt werden.

43 Die Ruine Landskron, auf französischem Staatsgebiet nahe der Grenze zum Kanton Solothurn gelegen, besticht nicht nur durch die große Burganlage, sondern auch durch die phänomenale Aussicht auf Birseck, Leimental, Jura und Sundgau. Der Besuch der Burg, deren Geschichte bis ins frühe 11. Jahrhundert zurückreichen dürfte, lässt sich gut mit einer »internationalen« Wanderung verbinden.

44 Im Laufentaler Dorf Zwingen befindet sich auf einer Insel in der Birs ein Wasserschloss. Stolze 750 Jahre ist es alt und konnte kein einziges Mal von Feinden erobert werden, weshalb es als unbezwingbar gilt. Mit Rundturm, Holzbrücke, Kapelle und weiteren Gebäuden bildet das Schloss ein schönes Ensemble. Es kann für private Zwecke gemietet werden.

45 Das Stedtli Laufen besticht durch seine Beschaulichkeit. Die historische Altstadt des Hauptorts des Bezirks Laufen, der erst 1994 vom Kanton Bern zu Baselland wechselte, lädt mit seinen pittoresken Gassen, Läden und Straßencafés zum Verweilen ein. Am hinteren Ende der Altstadt beim Heyle-Platz befindet sich das Museum des Laufentals mit einer eindrücklichen Fossiliensammlung, die dank dem Umstand, dass sie in Schaufenstern ausgestellt ist, rund um die Uhr besichtigt werden kann.

46 Musikvereine sind neben Schützen-, Turn- und Frauenvereinen die häufigste Form der Zusammenrottung Einheimischer im Baselbiet. Viele Musikvereine veranstalten regelmäßige Konzerte, und etliche von ihnen

spielen für Laien auf hohem musikalischem Niveau. Aktuelle Termine finden sich im Internet oder in der Tagespresse – und natürlich auf Plakaten, die man neben der Straße erblicken kann.

47 Schloss Wildenstein ist die einzige heute noch erhaltene Höhenburg des Kantons Baselland (welcher übrigens in einer der burgenreichsten Gegenden von ganz Europa liegt, weshalb auch in diesem Buch die eine oder andere Burg zu finden ist). Sie befindet sich in kantonalem Besitz und kann für private Feiern gemietet oder mit einer Führung einmal monatlich – oder nach Absprache – besucht werden. www.schloss-wildenstein-bubendorf.ch

48 Unweit des Schlosses findet man den Wildensteiner Eichenhain, ein 112 Hektar großes Naturschutzgebiet. Es ist ein Überbleibsel mittelalterlicher Kulturlandschaft, denn in diesem sogenannten Witwald wurden früher Schweine geweidet. Die Eichen sind bis 500 Jahre alt und so mächtig und knorrig, dass sie niemanden unberührt lassen.

49 Rund ums Schloss Wildenstein wurde im Jahr 2015 ein Informationspfad angelegt. Hier kann man viel Wissenswertes zur Höhenburg, ihrer Geschichte und ihrer Umgebung erfahren. Guckkästen mit dreidimensionalen Bildern lassen die Besucher tiefer in die Gegend und ihre Vergangenheit eintauchen. Unterhalb des Schlosses befindet sich zudem eine Audiostation, an der die Sage von Kunigunde und ihrem Spiegel (in Baselbieter Mundart) gehört werden kann.

50 Unterhalb des Schlosses Wildenstein verbirgt sich ein wildromantischer Wasserfall, der Sormattfall, in einem engen Tal. In Jahrhunderten hat das Wasser des kleinen Bachs nach seinem Sturz über eine Felswand einen großen Tuffkegel geformt. Der Sormattfall gilt als Geheimtipp – und als Kraftort.

FEUER UND FLAMME

Der bissige Winterwind fährt mir in den Kragen, als ich am Bahnhof stehe. Die Wartenden ziehen ihre Köpfe so weit zwischen die Schultern wie möglich, als fürchteten sie sich vor einer drohenden Gefahr. Als der Zug einfährt, wirbelt er Schnee auf und bläst ihnen ins Gesicht. Mich friert, aber nicht wegen des Wetters. So kalt wie ich mich fühle, so kalt kann dieser Winter gar nicht sein.

Die Nacht über dem Bahnhof Pratteln ist eine anthrazitfarbene Masse, das Perron voller Menschen, die alle mit dem Zug nach Liestal wollen. Hier habe ich mein Auto abgestellt, sehr unauffällig, denn mit Pratteln habe ich nichts am Hut. Fast nichts. Nur eine alte Erinnerung. Auf der einen Seite des Bahnhofs liegen das alte Dorf, das längst zu einer Stadt angewachsen ist, und das neue Hochhaus, auf der anderen Seite gibt es alternde Industrie, ebenfalls ein neues Hochhaus und die Erlebniswelt des Aquabasilea 51. Fast unwirklich ist der Gedanke, jetzt in der Kälte, an die tropischfeuchte Hitze dort drin, das warme Wasser, das Dampfbad. Dort haben wir uns kennengelernt, Kathrin und ich, vor bald zwei Jahren. Vor einer halben Ewigkeit.

Mit Glück finde ich im Regionalzug Richtung Olten einen Sitzplatz unter lauter Kostümierten. Wollen die alle an den Chienbäse-Umzug 52? Es ist der Vorabend der Fasnacht, die Region steht vor einem dreitägigen Ausnahmezustand. Eine junge Frau in schwarzem Mantel und mit bleich geschminktem Gesicht, über das ein Spinnennetz gemalt ist, tritt auf eine als Pippi Langstrumpf Verkleidete zu und richtet ihr »einen Gruß eines Kollegen, der sauer ist« aus. »Ich bin auch sauer«, entgegnet Pippi, deren Mimik kurz entgleist, bevor sie sich wieder fasst.

Menschlichkeiten mitten im Ausnahmezustand, in dem für viele andere Regeln gelten – ein Phänomen, das Nicht-Fasnächtler kaum nachvollziehen können. Ich auch nicht. Maskerade brauche ich höchstens, um beruflich weiterzukommen, sonst sagt mir das nichts. Und ja: Ich bin ebenfalls sauer. Mehr als sauer.

Bald wird es einen ganz anderen Ausnahmezustand geben. Hervorgerufen von mir. Mitten im Trubel, und das Lachen wird in Schreien übergehen. Nein, es wird kein Anschlag der neueren Art sein: kein feiges, zielloses Morden, wie es auf der Welt Einzug gehalten hat und überall unversehens ausbrechen kann. Ich bin mehr für den präzisen, sauberen Schuss. Dieser wird den Richtigen treffen: jenen, der es verdient, weil er mich bestohlen und gedemütigt hat. Nur der Kollateralschaden wird immens sein und die Schlagzeilen füllen. Das muss so sein. Wofür habe ich denn schießen gelernt? Ein Schuss aus der ersten Reihe, und der Getroffene wird zusammensacken, und seine Kumpels werden in Panik verfallen und ihr Gefährt sofort per Notbremsung stoppen, um ihn nicht mit dem mehrere Hundert Kilo schweren, brennenden Feuerwagen zu überfahren. Unmittelbar vor dem Törli **53** wird der Feuerwagen zum Stillstand kommen, und so wird das Inferno ausbrechen. Weil das Chaos so groß sein wird, wird keiner realisieren, was überhaupt passiert ist. Und während die Katastrophe ihren Lauf nimmt und alle ihre Haut vor Hitze und Funkenregen und dem siedendheißen Dampf des Löschwassers retten wollen, bin ich schon längst weg.

Habgier. Rache. Hass. In den Fernsehkrimis werden die Mordmotive immer nach den inneren Beweggründen aufgeschlüsselt. Das macht das Böse für den Zuschauer besser fassbar. In der Realität vermischen sich die Motive, denn die Welt lässt sich nicht in Schubladen einteilen.

Bei mir ist es allerdings klar. Habgier ist es nicht, denn Geld habe ich genug. Nein: Es ist Rache, und es ist Hass. Ich muss es tun. Dem Ganzen ein Ende setzen. Lieber ein Ende mit Schrecken als ein Schrecken ohne Ende. Richtig: Ich wähle das Ende mit Schrecken. Mit Schrecken für die anderen. Und ich werde dabei sein und zuschauen. Diese Stadt muss büßen. Durch die Rache des Heckenschützen.

Ich hatte alles. Ich war gut, schlau und erfolgreich. Ich war der Shootingstar meiner Abteilung, und von oben kam nichts als Lob. Am Ende des Jahres rieselten die Boni. Was will man mehr. Ich arbeitete hart und viel, und ich habe es zu etwas gebracht.

Nur Kathrin hat das nicht begriffen.

Ich hatte Erfolg. Ich konnte damit rechnen, dass die Welt Schlange stehen würde, um mich zu bewundern. Wenn ich nicht im Büro war oder beruflich im Außendienst unterwegs, trainierte ich meinen Körper. Meinen Bizeps, mein Sixpack. Soll keiner sagen, dass ein Bürofuzzi nicht auch aussehen kann wie Hercules. In jeder Mittagspause schwamm ich meine Längen im Sportbad Gitterli 54, danach ging ich irgendwo eine Kleinigkeit essen. Wenn die Zeit reichte; meistens tat sie's nicht. Abends joggte ich, wenn es nach Arbeitsschluss noch hell war, Richtung Schleifenberg, manchmal auch bis ganz hoch zum Aussichtsturm [55], um die Region zu überblicken. Ein erhabenes Gefühl, ich da oben, sogar höher als die kreisenden Mäusebussarde. Der Rest dort unten. Liestal lag weit unten in der Talsenke, mickrig wie eine Spielzeugstadt. Die Autos wie Ameisen, die Züge biegbare Stecknadeln, die Stadtkirche [56] niedlich wie in einer Modelleisenbahnlandschaft. Klein, unwichtig.

Ganz anders als ich. Ich war groß und überlegen – wie es sein soll. Ich hatte sie alle im Sack, ich besaß sie. Und ich besaß Kathrin. Dachte ich lange. Und darum merkte ich zu spät, wie sie mir entglitt.

Nachher ist man immer gescheiter. Verdammt. Kathrin stand auf Kultur. Was mir noch nie wichtig gewesen war. Dumme Zeitverschwendung. Ich machte Besseres mit meinen Abenden: Ich war produktiv, ich brachte Geld rein. Über ein ganzes Jahr lang machte Kathrin diese unnötigen Vorschläge: »Komm, wir gehen an ein Konzert im Guggenheim [57], komm, wir gehen einen Film schauen im Kino Sputnik [58], komm, wir besuchen ein Poetry Slam im Dichter- und Stadtmuseum [59], komm, wir gehen an eine Vernissage im Museum.BL [60].« Immer lag sie mir in den Ohren damit, begriff nicht, dass ich keine Zeit hatte und keinen Bock auf so was. Was sollte ich mit Kultur? Da spielen sich andere auf, nicht ich. Das mag ich nicht.

Sie ging dann allein, manchmal. War mir egal.

Bis ich merkte, dass etwas nicht stimmen konnte. Dass sie, wenn ich sie sehen wollte, oftmals keine Zeit hatte für mich, meine SMS nicht sofort beantwortete oder mir sogar einmal frontal ins Gesicht sagte, dass sie an einem bestimmten Abend keinen Besuch von mir wünsche. Ich stellte sie zur Rede, und sie kam mir mit diesem Gleichberechtigungsgeschwafel, einem selbstbestimmten Leben und solchen Dingen.

Kein Wunder, dass ich damit beginnen musste, sie und ihre Kontakte genauer unter die Lupe zu nehmen.

Was mich sehr beunruhigte: Plötzlich interessierte sie sich für den Chienbäse, nachdem sie diesen alten Winterbrauch zuvor immer belächelt hatte. Für den Chienbäse ist Liestal weit über die Landesgrenzen hinaus bekannt, dann lodern im Stedtli 61 die Flammen und kreischen die Menschen, die zu Zehntausenden anreisen, um das Spektakel zu sehen.

Wie heute.

Der Chienbäse war Kathrin bisher so egal gewesen wie mir auch. Mit heidnischen Bräuchen und anderen Traditionen hatte ich nie was am Hut. Alte Zöpfe, die der Innovation im Weg stehen. Kathrin fand sie einfach sonst unnötig, keine Ahnung warum. Darum wurde ich hellhörig, und an einem Februarabend fuhr ich eigens auf die Sichtern zur Schießsportanlage, wo im Vorfeld die Besen aus Kienholz hergestellt wurden. Ich wollte wissen, ob sie da war, und wenn ja, wen sie dort traf. Musste ich ja. Schließlich war ihr Handy mit einem Code gesperrt, den sie mir nicht verriet.

Also fuhr ich hin und versteckte mich am Waldrand in der Nähe der Anlage, von wo ich die Situation ungestört beobachten konnte. Das Klopfen unzähliger Hämmer tönte durch die Nacht und sorgte für einen martialischen Klangteppich. Mit Hunderten Nägeln zimmerten die Chienbäsenträger eigenhändig ihre Besen zusammen, die sie am Sonntag vor dem Morgenstreich brennend die Burgstraße hinunter und durchs Stedtli tragen werden. Mit dem Feldstecher scannte ich jeden einzelnen dieser Hobby-Handwerker. Ich besitze ein gutes, lichtempfindliches

Modell, schon fast nachtsichttauglich. Wäre allerdings gar nicht nötig gewesen, denn der Bauplatz war gut ausgeleuchtet. Volksfestcharakter mit Wein und Wurst.

Ich konnte Kathrin zwar nicht ausmachen, aber ich blieb auf der Hut. Ich wusste, dass ich sie irgendwann kriegen würde.

Mein Instinkt hat mich nicht betrogen. Aber Kathrin tut es. Nun weiß ich es. Bald darauf ertappte ich sie, in flagranti. Zufällig. Als ich in der Kantonsbibliothek 62 mal wieder ein paar DVDs ausleihen wollte – so ein bisschen Zerstreuung brauch selbst ich –, hörte ich ihre Stimme. Ich versteckte mich hinter einem Bücherregal. Und da sah ich sie. Wie sie sich mit einem Typen unterhielt. Gemeinsam verließen sie die Bibliothek, gingen ins Stedtli und setzten sich in eine Beiz, wo ich sie leider nicht mehr länger beschatten konnte. Aber die Zeit, die sie mit dem Fremden verbrachte, sagte schon alles. Über zwei Stunden! Danach spazierten sie weiter und betraten eine Viertelstunde später ein Mehrfamilienhaus. Meine Kathrin!

Gleich am nächsten Tag stellte ich sie zur Rede. Und sie war so kalt, wie ich sie noch nie erlebt hatte. Sagte, sie habe ja schon lang das Gespräch mit mir gesucht, aber ich hätte nie Zeit gehabt. Pha! Zeit!

Und mit uns sei es aus.

Ich wollte sie zurückholen, ich suchte den Kontakt, schickte ihr einen Blumenstrauß, lud sie ein. An ein Konzert im Guggenheim, ins Kino, an ein Poetry Slam im Dichter- und Stadtmuseum und an eine Vernissage im Museum. BL. Sie wollte nicht mehr. Sie sagte, es sei zu spät, es sei vorbei, und ich hätte dies zu akzeptieren.

Akzeptieren! Ich! Ich akzeptiere nur Dinge, mit denen ich einverstanden bin.

Zuerst fiel ich in ein Loch. Litt wie ein Hund, schlief kaum, trank viel und vernachlässigte meine Arbeit. Doch damit ist nun fertig. Bevor ich noch tiefer sinke, werde ich dem Ganzen einen Riegel vorschieben. Ich werde es tun. Durch Kathrins Schuld bin ich ein anderer Mensch geworden, ein Versager, und damit ich wieder funktionieren kann, muss die Demütigung aus der Welt geschafft werden.

Ich habe ihr nachspioniert. Ich weiß, dass sie einen Neuen hat, und ich weiß, dass er beim Umzug mitmachen wird. Nicht bei den Besen, sondern bei den Feuerwagen. Darum wird der Chienbäse-Umzug büßen müssen. Und ganz Liestal, Kathrins Stadt.

Ich habe eine Waffe. Armee. Und ich werde ein Feuerwerk für Kathrin veranstalten, das keiner je vergessen wird. Nie mehr wird sie mich demütigen! Ich werde den Mann, wegen dem sie mich verlassen hat, vor den Augen Tausender erschießen, aber keiner wird es realisieren. Denn den Schützen, der in der ersten Reihe stand, wird im Inferno keiner finden können.

Sie alle sollen Zeugen werden, Einheimische und Touristen, sie alle sollen fotografieren und filmen und mit dem Handy draufhalten und in die Welt hinausposaunen: Der Teufel verschlingt die Stadt. Liestal brennt!

Nachdem ich in Liestal den überfüllten Regionalzug verlassen habe, gehe ich vom Bahnhofsplatz aus direkt durch das Gewühl in Richtung Törli, inmitten der Schaulustigen, der Familien und Angetrunkenen, der Wikinger und Maikäfer und Engel. Auf dem Dach der Bushaltestelle am Wasserturmplatz haben sich Sicherheitsleute positioniert.

Auch sie werden keine Chance haben und vor allem nichts verhindern können. Ich habe das geübt im Geheimen, das Theaterstück, bis es saß. Runterkauern zum Schuhebinden – und dann geht alles so schnell, dass keiner es mitbekommen wird. Klappt. Die Kunst eines wahren Snipers ist, nicht aus der Hecke, sondern aus der Menschenmenge unerkannt und gezielt zu schießen.

In den Massen an Schaulustigen sind auch viele Feuerwehrleute in Uniform unterwegs. An den Schriftzügen auf dem Rücken der Brandjacken kann man sehen, dass sie nicht nur aus Liestal selber und den Nachbarorten stammen, sondern aus dem halben Kanton und sogar darüber hinaus. Einer schaufelt ein letztes Raclette in sich rein, bevor er seine Position einnimmt. Ich kann ein hämisches Lächeln nicht daran hindern, über mein Gesicht zu huschen. Ja, stärk dich nur mit einem Käseklumpen. Du wirst heute noch verdammt viel zu tun haben …

Ich war ja noch nie ein Menschenfreund. Ich mag Menschen nur als Konsumenten, wenn sie mein Vermögen vermehren. Sonst nicht. Die meisten von ihnen sind dumm und einfältig. Jetzt wollen sie alle dieses Feuermeer anschauen – und wissen nicht, wie groß es wirklich werden wird. Viele benutzen ihre Ellbogen, um einen guten Platz mit Sicht aufs Törli zu ergattern. Sie drücken nach vorn, andere wollen wieder zurück, weil es ihnen zu eng wird. Junge Kerle mit einer Bierdose in der einen und ihrer Tussi an der anderen Hand sind wild entschlossen, sich einen guten Platz zu erkämpfen, was andere zu verbalen Gegenangriffen verleitet. Der ganze Platz ist vom Fasnachtsumzug 63, der am Nachmittag hier durchgezogen ist, noch von Konfetti, zerdrückten Orangen und Müll übersät. Sämtliche Dialekte sind zu hören, plus Badisch und Hochdeutsch und Französisch, und sogar eine Handvoll Chinesen hat sich zusammengerottet und hält schon mal versuchsweise mit dem Handy aufs Törli und vor allem auf die Hinterköpfe anderer Zuschauer, bevor überhaupt etwas los ist.

Endlich bin ich in Position. Hier vorne ist die Unterhaltungsmusik aus den Lautsprechern der Verpflegungsstände kaum mehr zu hören. Es dominieren die Menschen und ihre Geräusche. Murmeln, motzen, rufen und grölen.

Bald ist es so weit.

Bald.

Das Licht geht aus, und nach einer Fasnachtsclique, die im losbrechenden Handy-Blitzlichtgewitter pfeifend und trommelnd den Umzug eröffnet, kommen die ersten Besenträger. Der warme Feuerschein beißt sich mit dem eiskalten Licht der Handyblitze und -scheinwerfer.

Bald wird auch er kommen. Kathrins Neuer. Stolz und dumm, und bald ist er nicht mehr da. Der Schalldämpfer wird das Peitschen des Schusses unterdrücken, und im allgemeinen Geschrei des Publikums und dem Krachen des brennenden Holzes auf dem Feuerwagen geht das Geräusch sowieso unter. Niemand wird begreifen, was vor sich geht. Niemand. Nicht einmal Kathrins Neuer selber. Er wird getroffen in sich zusammensacken, und seine Kumpane werden aus lauter Reflex, um ihn nicht zu überrollen, den Feuerwagen zum Stehen bringen. Und wenn die Schreie und das Krachen erst richtig losgehen und das Feuer vom lodernden Wagen aufs Törli übergreifen wird, dann wird mir zum ersten Mal, seit Kathrin weg ist, wieder warm ums Herz sein.

Als der betreffende Feuerwagen unter dem aufgeregten Gejohle des Publikums die Straße herunter gebremst wurde und auf die scheinbar viel zu enge Toreinfahrt in die historische Altstadt zuhielt, konnte der Mann mit der Waffe nicht. Stand in der Menge eingeklemmt, und es war ihm nicht möglich, sich zu bewegen. Nicht nur wegen der anderen Zuschauer. Er konnte auch sonst nicht. Seine Hände waren blockiert, als wäre sein Körper zur Eissäule erstarrt, während in seinem Kopf ein wildes Karussell wirre Gedanken im Kreis herum jagte und es ihm verunmöglichte, irgendeinen Entscheid zu fassen. Schon nur der Gedanke an die Pistole in seiner Tasche löste plötzlich einen Brechreiz aus. Er konnte das nicht tun. Er war kein Killer.

Kalter Schweiß schoss ihm auf die Stirn, das Blut hämmerte gegen die Schläfen, und schlagartig wollte er nur noch raus aus der Menge, fort von hier, weg von diesem Ort, an dem er eben noch die große Rache hatte zelebrieren wollen.

»Platzangst, Platzangst«, hörte er sich rufen, und mit panischen Fäusten bahnte er sich einen Weg aus der Menge hinaus. Die Leute wichen zurück, ließen ihn nach hinten weggehen, während der Feuerwagen, unter anderem von Kathrins Neuem gezogen, unter fußballmatchähnlichem Beifallsgeschrei das Törli passierte, die Flammen aus mehr als einem halben Dutzend Ster Holz den gesamten Tordurchgang für einen Moment vollends ausfüllten und danach in ungebändigter Kraft haushoch in den anthrazitfarbenen Himmel züngelten.

Einige Meter vom dichtesten Gedränge entfernt lehnte der Mann mit der Waffe sich an die Rückwand eines Imbissstands und übergab sich.

»Alles okay?«, fragte ihn eine Polizistin, die in der Nähe stand.

Er nickte und brach in Tränen aus.

»Sicher?«, hakte sie nach.

Er heulte weiter und eilte, sobald ihn seine Beine wieder tragen wollten, zurück zum Bahnhof.

51 Der größte und vielseitigste Wasserpark der Schweiz heisst Aquabasilea und liegt in der Nähe des Bahnhofs Pratteln. An 365 Tagen im Jahr kann man hier das Element Wasser in verschiedenartigsten Erscheinungsformen genießen: im Erlebnisbad mit sieben Wasserrutschen, im Wellenbad, im Strömungskanal oder in der Sauna. In der Hamamwelt, im Wellness-Spa-Bereich oder im Fitnessstudio kann der Körper behandelt werden – von verwöhnt bis getrimmt. www.aquabasilea.ch

52 Der Chienbäsen-Umzug ist die bestbesuchte jährlich wiederkehrende Veranstaltung des ganzen Kantons Baselland. Jeweils am Sonntagabend nach Aschermittwoch zieht eine Hundertschar von Männern, Frauen und Kindern mit ihren Chienbäsen (selber gebaute Besen aus Kienholz) durch Liestal. Der Brauch gilt als einer der spektakulärsten Feuerbräuche Europas. Entstanden ursprünglich aus der Tradition der Fackelläufe, diente er dem heidnischen Winteraustreiben und mauserte sich in den vergangenen Jahrzehnten zunehmend zum Publikumsmagneten und großen Volksfest, zu dem auch zahlreiche Extrazüge der SBB verkehren. Fasnachts-Fans aus dem In- und Ausland verbinden einen Besuch am Liestaler Chienbäsen gerne mit dem Morgestraich, dem Auftakt der Basler Fasnacht, der am folgenden Montagmorgen um vier Uhr früh im Nachbarkanton über die Bühne geht.

53 Das Obere Stadttor, im Volksmund liebevoll »Törli« genannt, ist Liestals Wahrzeichen. Im Gegensatz zum Unteren Tor ist es glücklicherweise erhalten geblieben. Früher sicherte es den südlichen Zugang zum Stedtli, und noch bis ins Jahr 1959 führte hier der gesamte Durchgangsverkehr durch. Der untere Teil des Törlis stammt aus dem 13. Jahrhundert, der obere Teil inklusive Glockentürmchen von 1554. Gegen Ende des 19. Jahrhunderts fielen Fallbrücke und Wachthaus dem Städtebau zum Opfer. Die Wandgemälde, die man heute auf dem Törli bestaunen kann, hat der Liestaler Maler Otto Plattner im Jahr 1950 realisiert.

54 Das Sport- und Volksbad Gitterli ist mit insgesamt rund 25 Ar Wasserfläche ein großes Bad. In der Halle sowie im Freien laden verschiedene Becken zum Sport, zum Schwimmen oder Spielen ein. www.gitterlibad.ch

55 Der Aussichtsturm auf dem Liestaler Hausberg Schleifenberg ist von Weitem zu sehen. Nachdem der ursprüngliche Holzturm von einem Blitz zerstört wurde, entstand im Jahr 1900 die heutige, 30 Meter hohe Stahlkonstruktion, die in ihrer Bauart an den Eiffelturm in Paris erinnert. Vom Turm bietet sich eine wunderbare Rundumsicht. In der Regel sonntags und feiertags ist die benachbarte Turmwirtschaft ebenfalls geöffnet. Seit über hundert Jahren gilt: Wenn die Fahne auf dem Turm weht, dann ist die Beiz offen. www.aussichtsturm-liestal.ch

56 Die Stadtkirche von Liestal steht mitten in der historischen Altstadt. Ihr Turm ragt weit über die Hausdächer hinaus und ist von Weitem sichtbar. Sie ist dem heiligen Martin geweiht. Bereits im 10. Jahrhundert dürfte an derselben Stelle eine erste Holzkirche gestanden haben, der heutige Bau stammt aus dem 16. Jahrhundert, der Glockenturm und ein Teil des Kirchenschiffs kam anfangs des 17. Jahrhunderts dazu. In der Stadtkirche Liestal finden regelmäßig auch weltliche Veranstaltungen wie beispielsweise klassische Konzerte statt.

57 Das Kulturhotel Guggenheim, nur wenige Gehminuten vom Bahnhof entfernt, entstand aus dem Gebäude einer Viehhandlung. Konzerte und andere Events haben das Lokal bei Kulturfreunden von nah und fern schnell zum »Place to be« werden lassen. Zum Guggenheim gehört auch ein Hotel, in dem jedes Zimmer individuell ausgestattet ist, und das Restaurant Mooi, wo auch die jüngsten Gäste willkommen sind. www.guggenheimliestal.ch

58 Das Kino Sputnik ist Teil des Kulturhauses Palazzo direkt am Bahnhof Liestal. Das ehemalige Postgebäude – gebaut vom Bundeshaus-Architekten Wilhelm Auer – beherbergt seit vier Jahrzehnten vielfältige Kultur in der Kantonshauptstadt. Neben dem Arthouse-Kino im Keller gibt es ein Theater und eine Kunsthalle, aber auch eine genossenschaftlich geführte Buchhandlung, ein Restaurant und verschiedene andere Mieter sind Teil des »Baselbieter Dreispartenhauses«. www.palazzo.ch

59 Im Dichter- und Stadtmuseum (kurz DiStL) finden sich verschiedene Exponate rund um die Geschichte der Baselbieter Hauptstadt – zum Beispiel zum Banntag und zu Baselbieter Dichtern. Unter anderem befindet sich hier der Nachlass des bekannten badischen Dichters und Revolutionärs Georg Herwegh und dessen Frau Emma, die übrigens beide das Bürgerrecht des Kantons Baselland genossen. Im Erdgeschoss des Hauses an der Rathausstraße führt das »Poetenäscht« neue und antiquarische Bücher sowie die Liestaler Touristeninformation. www.dichtermuseum.ch

60 Das Museum.BL hieß früher Kantonsmuseum und befindet sich in der Altstadt Liestals im ehemaligen Zeughaus. Es ist ein lebendiges Themenmuseum für Jung und Alt, das Vergangenes mit Aktuellem und Lokales mit Globalem verbindet. Neben Dauerausstellungen (etwa »Wildes Baselbiet. Tieren und Pflanzen auf der Spur« oder »Seidenband. Kapital, Kunst & Krise«) finden immer wieder wechselnde Ausstellungen zu verschiedenen Themen statt. www.museum.bl.ch

61 Die Altstadt von Liestal, wie jene der anderen historischen Baselbieter Städte Laufen und Waldenburg liebevoll »Stedtli« genannt, lädt zu Spaziergängen oder einem Einkaufsbummel ein. Im Spätherbst 2017 wurde die sanierte Rathausstraße eröffnet, die Hauptgasse der Stadt, an der sich das Rathaus der Stadt sowie am Kopfende das Regierungsgebäude des Kantons Baselland befinden.

62 Die Kantonsbibliothek von Liestal ist die größte aller Baselbieter Bibliotheken. Beheimatet im Gebäude eines ehemaligen Weinlagerhauses am Liestaler Bahnhof, führt sie über eine Drittelmillion Medien: vom Buch über die DVD bis zu den Musiknoten. Gut 22.000 eingetragene Nutzer schöpfen aus diesem Quell der nie versiegenden Information und Zerstreuung, der Spannung, Entspannung und des Vergnügens – ganz nach Wunsch ... www.kbl.ch

63 Die Fasnacht/Fastnacht/Fasching/Karneval an sich erklären zu wollen, ist müßig. Der Brauch diente ursprünglich dazu, den Winter zu vertreiben, heute haben sich die Motivationen naturgemäß etwas verschoben. In der Nordwestschweiz hat die Fasnacht eine wichtige Rolle im Jahreslauf der lokalen Kultur. Dabei ist zu beachten, dass das Unterbaselbiet und das Laufental als traditionell katholische Gebiete eine Woche früher Fasnacht feiern als die traditionell reformierte Stadt Basel und das Oberbaselbiet. Bekannt im Kanton Baselland sind – selbstredend neben dem berühmten Chienbäsen-Umzug (siehe 52) – vor allem die Umzüge wie etwa jene in Laufen, Reinach, Sissach oder Gelterkinden, die Masken- und Kehrausbälle in den Mehrzweckhallen, Fackelumzüge für die Kleinen, Guggenkonzerte und das Herumziehen der Schnitzelbanksänger. Als »Ritterschlag« wurde die Basler Fasnacht übrigens im Jahr 2017 von der UNESCO auf die Repräsentative Liste des immateriellen Kulturerbes der Menschheit gesetzt.

FLUCH DES AMMELER WEIHERS

Okay. Jetzt, wo ich den toten Körper auf dem Wanderweg unterhalb des steilen Waldhangs liegen sehe, muss ich eingestehen, dass es wahrscheinlich doch besser ist, wenn wir die Sache den Menschen überlassen.

Bis zu dieser Erkenntnis hat's lange gedauert, ich weiß. Aber eine ganze Weile sah es halt so aus, als könnten wir mit der Sache mindestens so gut fertig werden wie die Zweibeiner. Und wenn dieser Typ jetzt nicht so unpraktisch im Weg liegen würde und in den nächsten Minuten den beiden Spaziergängern, die sich munter schwatzend nähern und deren Picknick in ihrem Rucksack ich bereits riechen kann, den Schreck ihres Lebens einjagen wird, hätten wir alles ganz gut selber regeln können.

Streng genommen begann unsere Abenteuerexpedition mit einem Landjäger. Er schmeckte hervorragend. Ein bisschen würzig zwar, das muss ich zugeben, aber die Meinung meiner Besitzer, dass verarbeitete Fleisch- und Wurstwaren einzig zum menschlichen Verzehr bestimmt und darum nichts für uns Katzen seien, kann ich so trotzdem nicht teilen. Ich kann viele ihrer Ansichten nicht teilen, aber sie sind ja auch nur Menschen. Darum sei ihnen einiges nachzusehen.

Abgesehen davon war das auch gar nicht Thema, vorhin am frühen Nachmittag, als ich gemeinsam mit Felix durch die Gassen von Oltingen zog. Dank des einigermaßen originalgetreu gebliebenen Ortszentrums des kleinen Bauerndorfs **64** findet man übrigens immer genügend Brunnen –

für den Fall, dass man trotz allem mal auf ein Pfefferkorn beißt beim Landjägerklauen.

Felix und ich waren auf Streife. Das sind wir immer mal wieder, aber heute war unsere Tätigkeit tausendmal interessanter und ergiebiger als sonst, denn es war das Wochenende des »Oltiger Määrt« [65]: Das ist, wenn das halbe Baselbiet in den äußersten Osten des Kantons pilgert, um während zwei Tagen durch den Ort zu schlendern, sich in den von den Dorfvereinen und anderen Einheimischen betriebenen Beizli den Magen vollzuschlagen, den spontanen Musikdarbietungen in den Gassen zu lauschen und an den unzähligen Marktständen lokale Lebensmittel, farbige Blumentöpfe oder selbstgeschmiedete Ohrringe zu kaufen. Wenn »Oltiger Määrt« ist, werden wenige Tage zuvor sämtliche Wiesen rund um Oltingen abgemäht, damit alle Autos einen Platz zum Parken finden. Und wir schauen vorher zu, dass wir die Mäuse aus den kurzgeschorenen Matten ziehen können.

Wir Katzen mögen den »Oltiger Määrt«, denn da gibt es immer was zu sehen, und niemand geht hungrig heim. Er ist das Paradies.

Felix hat die Nase vorn. Wie immer. Dazu muss ich vielleicht sagen: Normalerweise lebe ich auf einem Bauernhof weit außerhalb des Dorfes. Meine Nachbarn sind die Kühe, die Wanderer und ab und zu die Hobbyastronomen der Sternwarte [66] auf der Schafmatt. Das reicht mir an Betrieb völlig aus.

Felix währenddessen lebt mitten im Zentrum des Dorfes, Downtown Oltingen quasi, in der Nähe der Kirche und ist darum nicht nur Herr des Pfarrgartens [67], sondern hat auch sehr viel mehr Erfahrung mit Menschen. Auch mit Hunden, Autos, Velofahrern und Postautos.

Er ist, das muss ich gestehen, viel aufgeschlossener als ich, und er geht für einen Kater recht offen auf andere Lebewesen zu. Ich bin da etwas zurückhaltender, nicht nur weil ich die Zivilisation nicht so gewohnt bin, sondern einfach weil die Vorsicht die Mutter der Porzellankiste ist. Sonst hätte ich es wohl nicht geschafft, in meinen mittlerweile acht Lebensjahren an die 40 gesunde Kätzchen aufzuziehen.

Felix ist nicht nur aufgeschlossener, sondern lässt sich auch viel mehr von den Stimmungen seiner Mitlebewesen beeinflussen als ich – und dafür weniger von den Düften interessanter Nahrungsmittel ablenken. Darum kommt er von unseren gemeinsamen Streifzügen zwar meist mit halbleerem Magen heim (außer es ist »Oltiger Määrt«, denn dann schafft selbst er es, sich zu überfressen), aber dafür bekommt er recht viel mit. Zum Beispiel, wenn mitten im Getümmel des Markts ein kleines flauschiges Vieh mit Haarschleife zwischen den Ohren leise vor sich hin zu jammern beginnt, weil es von einem großen, klobigen Typen in Camouflage-Jacke mitsamt der karierten Tasche, in der es steckt, unter den Arm geklemmt wird. So wie jetzt.

Zugegeben: Mir wäre so was nicht aufgefallen. Für meine Kinder habe ich natürlich ein sehr empfindliches Gehör, ja, aber nicht für fremde Fellknäuel mit Haarschleife, die in karierten Taschen herumbefördert werden. Schließlich ist das kleine flauschige Vieh nur ein Hund, und wir haben uns eben auf den Weg gemacht zu einem Stand mit Bauernbrot und Speck. Felix hat die Not des Kleinen trotzdem sofort gespürt. Er verfügt halt über feine Antennen und ein großes Herz.

Den Schrei, der wenig später durch das Markttrieben gellt, kann aber selbst ich nicht ignorieren. Er ist wie das Schrillen einer Sirene, gepaart mit dem um ein Vielfaches verstärktes Angstquieken einer Hundertschaft von Spitzmäusen, und er geht durch Mark und Bein.

Die Dame, die das bemerkenswerte Geräusch ausgestoßen hat, trägt eine geblümte Bluse unter einer schnittigen Lederjacke, die sie jünger macht, als sie wahrscheinlich ist. Kurze Zeit später debattiert sie aufgeregt mit zwei Kantonspolizisten, die sich ebenfalls zwischen den bunten Ständen aufgehalten haben und eigentlich eher so aussehen, als seien sie auf der Jagd nach einem währschaften Znüni als nach Verbrechern.

Felix pirscht sich sofort zu der Geblümten und den beiden Uniformierten hin und lauscht, während ich mich um die Krümel kümmere, die sich rund um ein paar Apérotische eingefunden haben, wo Menschen Crêpes verputzen. Als mein Kumpel zurück kommt, erzählt er aufgebracht, offenbar sei dieses kleine flauschige Ding unter dem Arm des Unbekannten ein sehr wertvoller Rassehund mit etlichen Auszeichnungen, und der Unbekannte habe das Vieh gestohlen und verlange nun postwendend eine halbe Million, wenn die Besitzerin ihr Tier je lebend wiedersehen wolle.

»Eine halbe Million, stell dir vor«, wiederholt Felix ungläubig, und seine Schnurrhaare zittern aufgeregt, »wie abgedreht!«

»Finde ich auch«, pflichte ich ihm bei, »lass uns mal rüber zum Stand mit den Änisbrötli …«

Doch Felix unterbricht mich entschlossen: »Wir müssen diesem Klärli unbedingt helfen!«

»Diesem was?«

»Klärli heißt der Hund. Also als Kosename. Der richtige Name gemäß Stammbaum lautet Claire Aurora Baronin von Zapfenstein.«

»Claire Aurora Baronin von Zapfenstein! Oh, wie nobel. Und mein richtiger Name ist Lucy Gräfin von Schafmatt«, äffe ich ihn nach. »Ich habe keine Lust, adelige Hunde zu verfolgen, die sich nicht selber gegen das Böse dieser Welt verteidigen können«, versuche ich mich aus der Affäre zu ziehen. Ohne Erfolg. Felix – ohne jegliche adelige Zunamen – lächelt sein gewinnendstes Lächeln und hat mich damit bald überzeugt. Leider.

Na gut. Dann gehen wir halt auf die Suche. Obwohl ich festhalten muss: Welcher bescheuerte Mensch nimmt schon eine Schönheitskönigin, deren Marktwert offenbar eine halbe Million beträgt, mit an den »Oltiger Määrt«! Flauschige Dinger, die nicht ortskundig sind und wahrscheinlich Angst haben vor Misthaufen und Stallspinnen, haben hier sowieso nichts verloren – vor allem, wenn es Hunde mit Haarschleife sind. Andererseits: Wenn es auf dieser Welt überhaupt noch Orte gibt, wo man davon ausgehen kann, dass einem nichts gestohlen wird – egal ob das Portemonnaie, ein Diamantencollier oder ein reinrassiger Köter, dann gehört Oltingen sicher dazu.

Während meine Gedanken mit der Philosophie der kriminalitätsfernen Ländlichkeit beschäftigt sind, hat Felix seine Detektivarbeit bereits aufgenommen. In erster Linie geht es darum, diesen Grobian ausfindig zu machen, damit er dem armen Klärli kein Leid antun kann.

»Hast du einen großen, klobigen Typen in Camouflage-Jacke gesehen, der mit einem kleinen Hund in einer karierten Tasche das Weite gesucht hat?«, spricht er den erstbesten Vierbeiner an, der uns über den Weg läuft. Dessen Antwort ist ein aggressives Kläffen gegen uns, das eine halbe Oktave höher wird, als sein Herrchen ihm mit einem Ruck an der Leine die Luft abschnürt. Geschieht ihm recht. Wir geben Fersengeld.

Aber Felix lernt nichts.

»Hast du einen großen Mann mit einem kleinen Hund unter dem Arm gesehen?«, fragt er gleich den nächsten Hund, der in unserer Nähe zwischen den Menschenbeinen unterwegs ist. Doch auch dieser kann nicht weiter helfen: Er kann grundsätzlich nur wenig sehen, da ihm seine Frisur weite Teile seiner Sicht nimmt.

»Musst du denn mit allen Kötern Konversation treiben?«, rege ich mich auf. Mir ist das alles unangenehm. Wenn mich eine meiner Freundinnen aus dem Dorf so sieht, wie ich zusammen mit Felix reihenweise Hunde anquatsche, kann ich meinen guten Ruf begraben und brauche mich die nächsten paar Monate nicht mehr im Dorf blicken zu lassen, wenn ich keine dummen Sprüche hören will.

Felix hat da keine Bedenken. Typisch Typ: merkt nichts.

»Warum denn nicht?«

»Wir sind hier nicht in der Arche Noah!«, zische ich und blicke beunruhigt um mich.

»Reiß dich zusammen«, sagt Felix streng und forscht weiter nach dem entführten Klärli. Bald darauf hat er einen Dritten im Bunde gefunden: einen schlaksigen Hund von undefinierbarer Rasse mit langem, schokobraunem Fell und Schlappohren. Er ist etwa doppelt so groß wie wir und bietet uns spontan seine Hilfe an, da er sich sowieso grad ein bisschen langweilt. Er sei schon viel in der Welt herumgekommen, sagt er, und könne uns mit seiner Erfahrung deshalb bestens unterstützen.

Ich bin zwar skeptisch, aber Felix hat den Fremden innert Sekundenbruchteilen ins Herz geschlossen und mit offenen Vorderbeinen in unseren Kreis aufgenommen. Er sei Rocky, stellt der Hund sich vor, Rocky Bilbao, ursprünglich ein Streuner aus dem Baskenland. Heute lebe er zusammen mit seinem berufstätigen Menschen in einem Haus mit Garten, und weil er wisse, wie sich das Gartentor öffnen lasse, und es einigermaßen im Griff habe, wann er abends wieder zu Hause sein sollte, um nicht aufzufallen, genieße er so viele Freiheiten im Leben, wie sie sonst nur unsereinem zustehen.

Und so mache ich mich also mit einem mir unbekannten freiheitlichen Köter und Felix von Assisi auf die Pfoten, um einen anderen mir unbekannten, aber alles andere als freiheitlichen Köter zu finden. Das kann ja heiter werden.

Der Grobian ist mit Klärli selbstverständlich längst über alle Berge. Aber wir haben Glück. Rocky – okay, gewisse Expertenkenntnisse muss man den Hunden zugestehen – kann die Fährte aufnehmen, nachdem er sich unauffällig an den Hosenbeinen der Geblümten orientiert hat, und führt uns zielstrebig durch die von quirligem Leben erfüllten Marktgassen hoch zur Kirche. Von hier oben, wo es über die Ebene Richtung Wenslingen geht, kommen die meisten Besucher her, denn hier parken sie auf den abgemähten Wiesen ihre PKWs. Auch das Postauto hat hier seine provisorische Haltestelle während des Markts.

Wir sind natürlich nicht motorisiert. Aber wir haben das Glück, dass Grobian mit Klärli es auch nicht ist. Wir entdecken ihn nämlich aufs nächste Postauto wartend, das eben an die Endstation einfährt und einen respektablen Schwall an Marktbesuchern ausspuckt. Wir drei Tiere nutzen das allgemeine Gedränge, um im Schatten der anderen Fahrgäste unerkannt einzusteigen und uns unter einen Sitz zu verdrücken.

Die Fahrt ist abenteuerlich. Während unser neuer Gefährte Rocky den abgeklärten ÖV-Nutzer raushängt, kann ich meine Aufregung nur schlecht verbergen. Bei Felix schlägt sich die Nervosität mal wieder in einem unendlichen Redeschwall nieder.

»Wow, guck, wie schnell wir unterwegs sind, alles fliegt ja nur so vorbei«, schwärmt er, während ich ehrlich gesagt außer Postautositzen und Menschenbeinen nicht viel sehe und höllisch aufpassen muss, dass es mir wegen des ewigen Hin- und Herschaukelns auf der kurvigen Straße nicht übel wird. Nach ein paar Stopps, an denen sich die Menschenbeine geringfügig auswechseln, fährt das Postauto durch einen Wald abwärts. Felix zeigt linkerhand durch den Fensterspalt, den wir von unserer Position aus gerade noch sehen können.

»Hier gibt es eine Höhle, hier war ich auch mal«, plappert er. Da würden Fledermäuse drin wohnen, doziert er – übrigens nettere Zeitgenossen, als man gemeinhin glauben könnte, aber viel zu zäh und darum ungenießbar –, und benannt sei die Höhle nach dem Teufel persönlich. Einige Kilometer entfernt, und der Sage nach sogar miteinander verbunden, gebe es zwei andere, viel bessere Höhlen, und diese seien nach einem Bruder und einem Bären benannt 68.

»Wenn ich unterwegs bin mit den Schönheiten von Wenslingen, gehe ich mit ihnen manchmal dorthin, da es da sehr romantisch ist …«

»Interessiert mich nicht«, versuche ich, seinen Redeschwall zu unterbrechen. Erfolglos.

»… wildromantisch sogar, mit hünenhaften Felswänden, so richtig wie ein Cañon sieht das aus, und mit einem lauschigen Wasserfall. Da ist man völlig ungestört, wenn man miteinander …«

»Schnauze, Felix!«

Es ist nicht nur die ruppige Fahrt und das für mich völlig ungewohnte Rütteln des Postautos, das mein Unbehagen wachsen lässt. Sondern auch die Erinnerung daran, dass Felix und ich in jungen Jahren durchaus des Öfteren auch miteinander … Drei Jahrgänge meiner Kinder waren mutmaßlich von ihm, bis mir der Nachwuchs mit seinem Gerede den letzten Nerv raubte. Seither lasse ich mich, wenn ich rollig bin, lieber vom schweigsamen Barnabas besuchen, dann schonen mir meine Jungen die Ohren.

Da Felix genau wie der von ihm beschriebene Wasserfall unentwegt weiter plätschert, hole ich zum Totschlagargument aus.

»Felix«, sage ich und setze meine mitleidige Miene auf, »ich glaube dir nicht, dass du mit den Wenslinger Pussycats immer noch diese wildromantischen Höhlen besuchst. Dass man dich vor einigen Monaten zum Tierarzt gebracht hat und dass seitdem nichts mehr bei dir ist, wie es war, hat sich ziemlich schnell herumgesprochen.«

Felix bricht mitten im Satz ab. Und schweigt. Während des ganzen Rests der Fahrt. Fast tut er mir ein wenig leid.

Gleich am Rand des Dorfes Gelterkinden, wo wir laut Ortsschild bald darauf hinkommen, fahren wir an einem riesigen Hallenbad **69** vorbei, das, wie Rocky uns erklärt, dazu da ist, dass man dort freiwillig ins Wasser springt und rumschwimmt. Freiwillig! Man stelle sich so was Abgedrehtes vor. Für mich wird diese Welt immer unverständlicher.

Item. Am Bahnhof von Gelterkinden ist Endstation. Während der ganzen Fahrt im Postauto ist Rocky Bilbao aufmerksam geblieben und hat den Grobian nicht aus den Augen gelassen. Jetzt, wo alle aussteigen (auch er), heißt es, wieder aktiv zu werden, und wir schleichen ihm hinterher.

Als ich aus dem Postauto springe, bin ich beeindruckt von dem Ort, an dem wir gelandet sind. Hier ist alles asphaltiert, und überall stehen Autos und Postautos herum. Auf dem großen Platz können gleich etwa ein halbes Dutzend Postautos halten. Gleichzeitig! Und diese Menschenmassen! Eben fährt unter lautem Getöse ein Zug in den Bahnhof ein – zumindest für die Ohren lärmempfindlicher Landkatzen klingt das monströs.

»Nehmen wir den?«, wendet Felix sich hoffnungsvoll an Rocky. Allmählich hat er offenbar die Sprache wiedergefunden und ist bereit für die Fortsetzung des Abenteuers.

»Das sehen wir dann«, kommentiert der Hund. Wir stehen auf dem Bahnhofplatz und beschatten weiterhin diesen klobigen Mann mit dem zitternden Tier, der bei den Velounterständen hin und her tigert und sein Handy anstarrt.

»Ich glaube, er will telefonieren«, kombiniert Rocky. Boah, darauf wäre ich nie gekommen. Dennoch nicke ich bestätigend und höre den Ausführungen unseres neuen Kumpels zu, während wir unser Beobachtungsobjekt nicht aus den Augen lassen.

Wenn man den Zug nehmen würde, erklärt Rocky uns in ausufernden Sätzen, könne man damit in die ganze Schweiz fahren. Sogar bis nach Basel, wo es noch viel, viel mehr Autos und Menschen gebe und grüne Trams und sogar einen Ort, an dem neben anderen exotischen Kreaturen riesengroße, lebensgefährliche Raubtiere **70** lebten, wie wir uns dies mit unserem beschränkten Horizont gar nicht vorstellen könnten. »Sie verströmen den Geruch des Todes, sag ich euch. Sogar wenn man außerhalb der Mauern, die sie umgeben, daran vorbeigeht, ist es ganz klar zu riechen.« Er dreht richtig auf. »Nein, gesehen habe ich die Bestien noch nie, weil Hunde da gar nicht hineindürfen. Ist wohl zu gefährlich, die Menschen haben Angst um sie. Wenn ich könnte, würde ich sie mir natürlich sofort anschauen.«

Rocky erzählt uns noch viel von seinen Expeditionen und der weiten Welt. Wir glauben zwar nicht alles, was er uns berichtet, aber vielleicht schaffe ich es irgendwann selber, diese gefährlichen Raubtiere zu besuchen – sie sollen übrigens entfernte Verwandte von uns Katzen sein, markerschütternd brüllen können, und die Kater tragen eine attraktive Mähne.

Aber halt, jetzt heißt es konzentriert bleiben. Denn sonst kommt uns der Grobian am Ende doch noch abhanden. Nun steuert er nämlich einen silbernen Opel an, der auf dem Bahnhofparkplatz steht, schließt Klärli mitsamt ihrer bescheuerten karierten Tasche und der Haarschleife in den Kofferraum und setzt sich hinters Steuer. Dann starrt er nochmals auf sein Handy und telefoniert nun wirklich. Weil die Autofenster geschlossen sind und genau in diesem Moment ein Güterzug in Richtung Olten vorüberrumpelt, können wir nicht alles verstehen, was er sagt. Irgendwas mit »Geld« und »Jetzt« und »Sonst tot«. Kaum hat er sein Handy zur Seite gelegt, springt der Motor an, das Auto hüpft rückwärts aus der Parklücke wie ein aufgeschrecktes Reh, und Grobian gibt Gummi.

»Sch…!«, zischt Rocky.

»Was jetzt?«, quiekt Felix atemlos. Wenn er vor lauter Aufregung kaum mehr Luft bekommt, klingt er manchmal wie ein Schweinchen.

Da Rocky nach kurzem Überlegen sagt, er habe den silbernen Opel, mit dem unsere Zielperson das Weite gesucht hat, schon oft beim Ammeler Weiher 71 stehen sehen, hechten wir zurück zur Bushaltestelle, wo die Postautos bereitstehen, die von Gelterkinden aus in alle Himmelsrichtungen die kleinen Dörfer mit der Bahnlinie verbinden.

»Bist du sicher, dass der ausgerechnet dorthin fährt? Und dass es auch wirklich der gleiche silberne Opel ist? Ich meine, silberne Autos sind nicht sehr selten. Kannst du denn Nummernschilder lesen?«, gibt Felix sich skeptisch.

»Ich erkenne das Auto am Geruch. An meinem eigenen. Wenn ich beim Weiher bin – und dort bin ich oft –, markiere ich jedes einzelne dort abgestellte Fahrzeug«, entgegnet Rocky. »Kommt, wir haben keine Zeit zu verlieren!«

Womit er recht hat. Denn das Postauto schließt wenige Sekunden, nachdem wir hinter einer alten Frau mit Rollator ungesehen hineingeschlüpft sind, zischend seine Türen und fährt los.

»In welchem Postauto sind wir?«, frage ich. Mir ist das alles irgendwie zu schnell gegangen, und die Löwen sitzen mir immer noch im Gedächtnis. Fast glaube ich, ihren wildherben Geruch in der Nase zu spüren, und es kitzelt aufregend.

»Im Postauto nach Kienberg. Das ist jenes, das am Ammeler Weiher hält«, doziert Rocky und fügt erklärend hinzu: »Da bin ich schon mehrmals mitgefahren.«

»Du meinst den Allschwiler Weiher 72, von dem du vorher erzähltest, wo eine deiner Expeditionen auch mal hinging?«, will Felix wissen.

»Nein, am Ammeler. Das ist was total anderes.«

»Den Talweiher meinst du wohl. Ammeler Weiher nennen den nur Ortsunkundige und Banausen«, trumpfe ich auf, weil mir seine rechthaberische Art allmählich auf den Zeiger geht. Eigentlich will ich nicht so stinkstiefelig sein, aber die Erzählungen von den großen wilden Exotenkatzen haben in mir urplötzlich eine leise Unzufriedenheit ausgelöst, die ich selber nicht so richtig deuten kann. Könnte es sein, dass das pralle Leben ungesehen an mir vorbeiflutscht, während ich auf meinen Feldern mause und auf meinem Heustock Junge großziehe und keine Ahnung davon habe, was mir in meinem eintönigen, von Pflichten erfüllten Dasein alles entgeht?

»Stop!«, maßregle ich mich selber. Jetzt muss ich aufpassen, dass meine Konzentration nicht nachlässt, schließlich verfolgen wir einen Entführer. Und nur weil es am einfachsten ist, auf den Nächstbesten einzudreschen, um sich danach wieder besser zu fühlen, ist das noch lange kein Grund, es auch zu tun.

Vielleicht gründet meine Unzufriedenheit auch nur im Hunger. Schließlich ist es schon eine ganze Weile her, seit ich am »Oltiger Määrt« zum letzten Mal was zwischen die Zähne gekriegt habe.

Und wie auch immer sich die beiden Weiher im Tal unterhalb Anwils korrekterweise nennen: Rocky Bilbao behält recht. Nachdem wir das Postauto verlassen haben, sehen wir jenseits des noch jungen Flusses Ergolz prompt das Auto des Grobians stehen. Warum die Polizei, die doch vor ziemlich langer Zeit (frag meinen Magen!) oben in Oltingen von der Entführung erfahren hat, dem Bösewicht nicht längst auf den Fersen ist, kann ich nicht verstehen. Vielleicht, weil sie den weniger guten Riecher haben als wir oder weniger Postauto fahren?

Wie auch immer: An die Fersen heften wenigstens wir uns. Allerdings sehen die Verfolger (wir) vom Verfolgten (dem Grobian) vorerst nichts, während wir zu dritt über den kleinen, schilfgesäumten Weg auf die andere Seite des engen, bewaldeten Tals traben.

Ich bin begeistert. Schon viel habe ich von diesem Ort gehört, aber bisher habe ich es noch nie hierher geschafft (was ich Felix und Rocky nicht unbedingt erzählen muss). Hier riecht es nach Algen, in der Ufervegetation quaken Stockenten, auf der Wasseroberfläche zucken Wasserläufer, zwei Kohlmeisen jagen einander durchs Gestrüpp, und auch am Boden und im Unterholz wuselt es von Leben: Libellen, junge Frösche, Fliegen und Ameisen. Das Paradies.

Doch ein ganz besonderes Tier, das ich am Fuß eines Baums entdecke, zieht seine Aufmerksamkeit auf mich: Es hat einen wuchtigen Kopf und einen wunderbar glänzenden, braunen Pelz. Nur der Schwanz sieht etwas gewöhnungsbedürftig aus und gibt den Anschein, als sei kürzlich jemand mit einer Walze darübergefahren. Ein Biber! Auch so einen habe ich noch nie gesehen.

»Hi«, sagt der Biber als Antwort auf meine Begrüßung und schaut nur kurz von seiner Arbeit auf, denn er ist gerade dabei, am Stamm einer am Weiher stehenden Weide zu nagen, »was führt euch kuriose Truppe denn hierher?«

»Wir verfolgen einen Verbrecher!«

»Hoppla.« Er grunzt. Scheint ihn nicht vom Hocker zu reißen, diese Neuigkeit. Ich glaube, er ist nur schwer aus der Ruhe zu bringen, wenn er am Fressen ist. Was ihn mir ja durchaus sympathisch macht.

»Wie heißt du denn?«, frage ich ihn.

»Justin.«

»Das ist aber ein ausgefallener Name für einen Biber.«

»Grmpf-hmpf-hmpf«, sagt er kauend, schon wieder dem Baumstamm vor sich zugewandt. Ich bin nicht sicher, ob das zustimmend war oder nur uninteressiert. Da zieht mich jemand kurz am Schwanz. Beinahe hätte ich den Angreifer reflexartig mit ausgefahrenen Krallen geohrfeigt, doch als ich herumschnelle, sehe ich, dass es Felix ist.

»Hey, kommst du? Zeit zum Flirten hast du später.«

»Dummkopf«, fauche ich und folge ihm nach einem kurzen Abschiedsgruß in Justins Richtung.

»Es wird spannend«, raunt Felix mir zu. »Wir haben seine Spur. Er ist offenbar weiter bachaufwärts in Richtung Wasserfall unterwegs.«

Ui, das ist wahrhaftig interessant. Von da muss man nur noch einen guten Kilometer weiterlaufen, und man ist zurück in Oltingen – da schließt sich der Kreis. Und es stellt sich die Frage, weshalb wir auf diese Postauto-Odyssee das eine Tal runter und das andere wieder hoch geschickt wurden, nur um am Schluss bei einem Katzensprung anzukommen, gewissermaßen.

Egal. Das Rätsel lösen wir später. Eilig folgen wir der immer frischer werdenden Spur von Grobian. Er hat sich mit Klärli offenbar in das sich gegen oben verengende, mit Bärlauch und Farnkraut wild bewachsene Tal zurückgezogen. Es riecht leicht modrig hier. Rechterhand befindet sich auf steilem Terrain ein dichtes Baumgewirr, und einzelne Steine durchsetzen den feuchten Waldboden, die sich wohl aus dem felsigen Abhang darüber gelöst haben.

Wir sind alle angespannt und geben acht, dass wir uns dem Ort, wo er sein muss, lautlos nähern. Katzen können das ja problemlos, und Hunde sind, sofern sie keine klirrende Hundemarke am Halsband tragen, auch nicht schlecht darin. Mindestens auf Naturboden. Jedenfalls: Rocky schafft es auch, dass Grobian uns offenbar nicht kommen hört.

»Vielleicht versteckt sich der Entführer hier mit dem armen Geschöpfchen, bis Klärlis Besitzerin das Lösegeld zusammengekratzt hat«, mutmaßt Felix, und seine Gesichtszüge sehen vor lauter Mitgefühl und Anspannung ganz verzerrt aus. Wie das wohl mit der Übergabe laufen wird, frage ich mich, ohne auf ihn einzugehen. Bei Sonnenuntergang beim Abfalleimer an der Autobahnraststätte oder so?

Als wir endlich in Sichtweite an den Grobian rankommen, zeigt sich uns ein eigenartiges Bild: Der Typ ist gerade dabei, ein paar Fotos der vor Angst zitternden Geisel zu schießen. Als er mit dem Resultat zufrieden scheint, steckt er das Handy weg und bückt sich nach einem großen Stein, um diesen an die rote Lederleine zu knüpfen, an deren anderen Ende Klärli festgehakt ist.

Ich bin die Erste, die begreift, was der Schuft im Schild führt. Als ich die anderen aufkläre, können sie es zuerst kaum fassen. Eine solche Boshaftigkeit einem wehrlosen kleinen Tier gegenüber hätten wir nicht erwartet – nicht einmal von diesem Grobian. Im Unterholz verborgen starren wir zu dem Menschen hin, der offenbar über ein Arsenal an Widerwärtigkeit verfügt, das unsereiner sich in seinen Landidyll-heile-Welt-Vorstellungen gar nicht ausmalen kann.

Sein Verhalten räumt allerdings bald die letzten Zweifel beiseite. Eindeutig: Grobian trachtet nach Klärlis Leben. Er wird den armen Hund im Weiher ersäufen.

Alles, was recht ist! Ich bin zwar keine Freundin von Hunden, und von reinrassigen Exemplaren schon gar nicht. Aber was dieser Kerl hier beabsichtigt, ist schlicht jenseits unserer Vorstellungskraft. Deshalb gilt es zu handeln, und zwar bevor er den Weg zurück zum Weiher hinter sich gebracht hat und Claire Aurora Baronin von Zapfenstein auf dem schlammigen Grund des Gewässers ihr vorzeitiges Ende findet.

»Wir müssen ihn stoppen«, sagt Felix. Überflüssigerweise, denn darauf sind Rocky und ich auch schon gekommen. Wir nicken. Hoffentlich ist der Typ nicht bewaffnet – wie wenig Respekt er vor dem Leben anderer hat, ist er ja gerade im Begriff zu demonstrieren.

Um lange Pläne zu schmieden, reicht die Zeit nicht, also sprechen wir uns nur ganz kurz ab: Felix und ich sollen unsere Deckung verlassen und die Aufmerksamkeit auf uns lenken, während Rocky den steilen Abhang erklimmt, sich von hinten nähert und dem Grobian unvermittelt in den Nacken springen wird, damit dieser seine Geisel loslässt, bevor er weiß, wie ihm geschieht. Wenn wir Pech haben, haben wir nur diese einzige Chance, und weit und breit ist keiner da, der uns helfen könnte. Keine Spaziergänger, keine Naturbeobachter, keine anderen Haustiere – und den selbstvergessen vor sich hin nagenden Justin um Hilfe für eine heikle Befreiungsaktion zu bitten, halten wir alle für zwecklos.

Unsere Tat ist schnell erzählt: Die Aktion gelingt – aber nicht so, wie wir uns dies vorgestellt haben. Denn während Rocky sich anschleicht und aus diesem Grund den steilen Hang hochkraxelt, erschreckt uns alle plötzlich ein ohrenbetäubendes Getöse. Alle zucken wir zusammen und starren zur Quelle des Geräuschs, hinunter zum Weiher, wo ein Baum gerade krachend auf dem Boden aufschlägt.

»Das war Justin«, sage ich zu Felix und merke erst da, dass er schockiert in die andere Richtung blickt. Zu Grobian und unserem kleinen Freund. Durch einen Fehltritt, bedingt durch den Schreck, hat Rocky nämlich einen großen Stein vom Hang losgetreten, der zwar mit weit weniger Getöse als der stürzende Baum, aber dennoch in hohem Tempo und schicksalshafter Treffsicherheit vom Boden abgesprungen ist und den Grobian, welcher immer noch bei Klärli am Boden kniete, genau am Kopf getroffen hat.

Nur ein kurzes Stöhnen, halb verwundert, halb wütend, ist zu vernehmen, bevor Grobian wie in Zeitlupe vornüber kippt und um ein Haar das arme Hündchen unter sich begraben hätte.

Schnell sind wir zur Stelle. Und sehen, dass da nichts mehr zu machen ist.

»Du hast ihn umgebracht«, konstatiere ich nach ein paar stillen Sekunden, die sich unendlich zäh in die Länge gezogen haben. Ich habe das eher anerkennend als vorwurfsvoll gemeint, ehrlich, aber Rocky steht der Schock ins Gesicht geschrieben.

»Das wollte ich nicht«, stammelt er.

Felix ist der Erste, der wieder einen vernünftigen Gedanken fassen kann, und während das arme Klärli noch gar nicht richtig zu begreifen scheint, dass es gerettet ist, kaut er die hübsche rote Lederleine durch. Für so was sind spitze Katzenzähne wie geschaffen.

Naja, das ist dann eben der eingangs erwähnte Moment, wo wir nicht mehr allein weiter wissen. Jetzt, wo der tote klobige Männerkörper unterhalb des Waldhangs liegt, muss ich eingestehen, dass es wahrscheinlich wirklich besser ist, wir überlassen die Sache den Menschen. Die Polizei rufen können wir selber nicht, das müssen andere für uns erledigen: Leute mit einem Handy und mit Fingern, um ebendieses zu bedienen. Wie beispielsweise die beiden Spaziergänger, die sich uns mittlerweile munter schwatzend nähern und bald den Schreck ihres Lebens haben werden.

Wir für unseren Teil nehmen Claire Aurora von Zapfenstein in unsere Mitte und machen uns auf den Weg, zurück nach Oltingen, nach Hause. Vom Ammeler Weiher aus ist es ja wirklich nicht weit, zum Glück.

Rocky Bilbao zittert immer noch am ganzen Leib. In mir wachsen Zweifel, ob er wirklich ein so unerschrockener und verwegener Abenteurer ist, wie er uns auf unserer Reise weisgemacht hat, oder ob am Ende all seine Expeditionen nur erfunden sind. Vielleicht gibt es das alles ja gar nicht, weder den Allschwiler Weiher noch die Stadt mit dem Garten, in dem die exotischen Tiere und die attraktiven Riesenkatzen mit Mähne leben!

Aber all das frage ich Rocky im Moment nicht. Soll er sich zuerst mal beruhigen. Ich selber werde für die nächste Zeit auch lieber in meinem eigenen Revier bleiben und eine ruhige Kugel schieben. Wenigstens so lange, bis Gras über die Sache gewachsen ist.

Und danach ziehe ich irgendwann wieder in die Welt hinaus.

64 Das Dorf Oltingen, gelegen im »fernen Osten« des Oberbaselbiets, hat einen weitgehend intakten Ortskern und ist deshalb im »Bundesinventar der schützenswerten Ortsbilder der Schweiz von nationaler Bedeutung« aufgeführt. Massige Bauernhäuser reihen sich im Dorfkern aneinander, unterbrochen von Scheunen und Gassen – eine wahre Augenweide für Liebhaber alter ländlicher Architektur. Dazu kommt, dass das Dorf im Vergleich zu anderen relativ wenig gewachsen ist und sich darum nach wie vor harmonisch in die unverbaute Landschaft schmiegt.

65 Der »Oltiger Määrt« findet jedes Jahr während eines Wochenendes Ende April oder Anfang Mai statt und hat sich zu einer beliebten Attraktion entwickelt, die Tausende von Besuchern anlockt. In Restaurantbetrieben und Bars in Scheunen oder Festzelten wird fürs leibliche Wohl gesorgt, und bei der feilgebotenen Ware liegt der Schwerpunkt auf Produkten aus der lokalen Landwirtschaft, heimischem Kunsthandwerk und anderen Dingen, die mit Tradition und Brauchtum in Verbindung gebracht werden können – hier wird Oberbaselbiet pur geboten! Die Oltinger Bevölkerung arbeitet bei der Realisierung des Määrts, der das ganze Dorfzentrum in eine Festhütte verwandelt, alljährlich tatkräftig mit.

66 Die Sternwarte auf der Schafmatt öffnet das Tor zum Himmel. Nahe der Kantonsgrenze zu Solothurn

und betrieben von der Astronomischen Vereinigung Aarau, steht sie bei gutem Wetter jeweils freitags für interessierte Sterngucker offen. Der Blick auf ferne Gestirne und fremde Welten in der Unendlichkeit des Alls relativiert oft das Geschehen auf der Erde … www.sternwarte-schafmatt.ch

67 Der hübsche Pfarrgarten gleich neben der Kirche St. Nikolaus in Oltingen mit ihren spätgotischen Fresken – unter anderem das Jüngste Gericht darstellend – ist ein Ort der Ruhe, in dem die Zeit stehen geblieben zu sein scheint. Den historischen Garten hat der »Verein Erlebnisraum Tafeljura«, der sich für die Erhaltung der landschaftstypischen Eigenheiten des Oberbaselbiets einsetzt, nach alten Zeichnungen wieder hergerichtet.

68 Das Bruderloch und das Bärenloch sind zwei benachbarte Höhlen bei der sogenannten Bettstigi, von Wenslingen aus zu Fuß erreichbar. Gelegen sind sie am steilen Hang, der zum Eital hin abfällt: das Bärenloch etwas weiter unten bei einem lauschigen Wasserfall, der über ein Felsband hinunterstürzt, das Bruderloch weiter oben. Im Bärenloch wurden Knochen von Höhlenbären gefunden – daher der Name. Die Bezeichnung »Bruderloch« rührt von der Sage her, dass dort einst ein Eremit lebte.

69 Das Hallenbad Gelterkinden ist – abgesehen vom Kurbad auf Bad Ramsach (siehe 73) – das einzige Hallenbad im Oberbaselbiet östlich von Liestal. Im Herbst 2018 nach der totalen Erneuerung neu eröff-

net, lädt es Jung und Alt ins warme Nass ein. Von Mai bis zum Ende der Sommersaison steht auch ein Freibad zur Verfügung.

70 Der Zoologische Garten Basel ist der älteste Zoo der Schweiz und liegt im Süden der Stadt Basel, unmittelbar an der Grenze zu Binningen. Auf einer Fläche von elf Hektar leben Tiere aus aller Welt, vom Fetzenfisch bis zum Elefant. Und auch ein Löwenrudel. Der »Zolli«, wie er von der Bevölkerung liebevoll genannt wird, ist eine der beliebtesten Freizeitdestinationen in der Nordwestschweiz. Haustieren aller Art ist der Zutritt verboten. www.zoobasel.ch

71 Der Talweiher (im Volksmund wegen seiner Lage unterhalb Anwils auch Ammeler Weiher genannt) umfasst nicht nur einen, sondern genau genommen zwei Weiher im Naturschutzgebiet am Oberlauf der Ergolz. Vor wenigen Jahren kam ein Biber hierher zurück und lebt heute verborgen irgendwo am Weiher. Seine Spuren hingegen sieht man oft. Im Frühling ist der Talweiher die Geburtsstätte Tausender junger Frösche und Kröten, und im Sommer tummeln sich hier Picknicker und Fledermäuse.

72 Der Allschwiler Weiher liegt, obwohl er einen ähnlichen Namen trägt wie der Ammeler Weiher, am anderen Ende des Kantons, und zwar im Naherholungsgebiet außerhalb Allschwils, der größten Gemeinde des Baselbiets (gut 20.000 Einwohner). Er ist ein künstlich angelegter Weiher, der verschiedenen Wasservögeln und Fischen als Heimat dient. Im Naturschutzgebiet

Herzogenmatt befindet sich ein Amphibienlaichplatz von nationaler Bedeutung. Der Allschwiler Weiher gilt als geeigneter Ausgangspunkt für Spaziergänge, Wanderungen und andere Freizeitaktivitäten in der stadtnahen Natur.

NACHTS UM DEN WISENBERG

Oh höret die fürchterliche Kunde, ihr Leut von nah' und fern. Es geschah in einer finstren Vollmondnacht im Jahr des Herrn 1542 beim Sennereigut Ramsow 73 *in der Basler Landschaft, nahe des Unteren Hauensteins. Die Ramsow ward besucht von gar manchen Leuten, die sich dem Bade hingeben wollten, denn von hier sprudelte heilendes Wasser aus dem Wisenberg, welchem große Kraft zugeschrieben ward. Auch wurden heidnische Bräuche betrieben, etwa zur Sommersonnwende.*

Der Pfarrer von Läufelfingen wollte das abergläubische Treiben unterbinden und schickte den Vogt zu Homburg, einen Mann mit gar eiserner Hand, um das Baden, Musizieren und unchristliche Gebaren zu verbieten, denn wo die Menschen dem unordentlichen Leben frönten, waren das Laster und der Teufel nicht weit.

Eines Abends kurz nach Johannis erschien der Vogt beim Wirt Johann Jakob Häfelfinger auf Ramsow mit der Kunde, dass ihm das Bad aberkannt würde. Dieser war gerade dabei, einen großen Badebottich, der sich im Wald oberhalb der Sennerei befand, zu reinigen. Zwischen dem Vogt und dem Wirt entbrannte ein wütender Streit. Sie warfen sich wüste Verwünschungen an den Kopf, und Häfelfinger drohte dem Vogt mit der Faust und mit Hausverbot. Darauf zückte dieser sein Schwert im Zorn und tötete den unglückseligen Gegner mit einem einzigen, kraftvollen Hieb in die Brust.

Leblos kippte der Wirt vornüber in den Badebottich, dessen Wasser sich blutrot färbte, beobachtet von seiner fas-

sungslosen Geliebten Anna Strub, die den Mord, verborgen hinter Bäumen, tatenlos mit ansehen musste.

Als dem Vogt seine Untat gewahr wurde, geriet er in Panik. Unter Aufwendung von Bärenkräften, die die Furcht ihm verliehen, schüttete er den Bottich mitsamt dem Leichnam aus, sodass das blutige Wasser im Waldboden versickerte, und hastete zurück auf sein Schloss.

Noch in derselben Nacht setzte er ein Demissionsschreiben an seine Herren in Basel auf und ergriff die Flucht. So entkam er seiner gerechten Strafe. Anna Strub hingegen, die Geliebte des erstochenen Wirts, fand mit ihrer Aussage über den Täter dieses schrecklichen Mordes bei niemandem Gehör, und in den Jahren, in denen sie vergeblich um Gerechtigkeit kämpfte, verbitterte sie allmählich.

Die bemitleidenswerte Seele des erstochenen Johann Jakob Häfelfinger aber fand keine Ruhe. Und so verlässt er seinen Bottich jeweils in Vollmondnächten und erschreckt manch' braven Wanderer.

*

»Nächster Halt, Läufelfingen!«

Als die künstliche Frauenstimme aus dem Lautsprecher des Regionalzugs 74 ertönte, schrak der Mann mit der Glatze, dem bulligen Nacken, dem dicken Goldkettchen um den Hals und dem großen schwarzen Koffer neben sich hoch, so sehr hatte er sich auf die Landschaft vor dem Zugfenster konzentriert. Nach dem Bahnhof Sissach hatte er mit zunehmender Erregung die Fahrt durchs Homburgertal mitverfolgt, am kleinen Bahnhof von Sommerau 75 vorbei, der beinahe mutterseelenallein an der Strecke stand, und schließlich über das Viadukt von Rümlingen 76. Dieses war ziemlich beeindruckend, auch wenn es, na ja, reichlich klein war wie alles hier. Aber immerhin alt. Nach Buckten, an dessen Bahnhof ein paar schwarz-weiße Ziegen 77 mit Packtaschen ausgerüstet gewartet hatten, war der erste kurze Tunnel gekommen. Ziegen wie im Heidiland und ein Tunnel wie in den Alpen … Wie oft hatte er schon über die Glanzleistungen der Eisenbahnbauer in der Schweiz gelesen, die mit Hilfe von Schweiß, Blut und Dynamit den Fortschritt buchstäblich durch den Berg gesprengt und damit jedes Hindernis überwunden hatten. Das war etwas, das ihn interessierte: Erfolg und das Bezwingen eines Gegners. Das hatte er sein ganzes Arbeitsleben lang auch getan, aber in der Immobilienbranche und nicht im Eisenbahnbau. Nun war er pensioniert und hatte sich entschlossen, die Wurzeln seiner Familie zu besuchen, denen er in aufwendigen Recherchen in verschiedenen Genealogiezirkeln und Archiven auf die Spur gekommen war.

Als der Gelenktriebwagen im Bahnhof Läufelfingen hielt, packte der Mann mit der Glatze, dem bulligen Nacken und dem dicken Goldkettchen seinen Koffer und stieg aus. Angekommen! Nun betrat er endlich diesen Boden im Heimatland seiner Urahnen, welches diese einst verlassen hatten, um jenseits der Grenzen der Alten Eidgenossenschaft weit weg im Flachland des Nordens ein neues Leben zu beginnen.

»Sind Sie Herr von Krug?«, fragte ein schlaksiger junger Mann, der rauchend an der rauen Fassade des kleinen Bahnhofgebäudes lehnte.

Der Glatzköpfige nickte. Während der Schlaksige den schwarzen Koffer in einen dunklen Van mit der Aufschrift »Quellhotel Bad Ramsach« wuchtete und losfuhr durchs Dorf und den Berg hinauf, erzählte ihm der Gast mit wichtigtuerischem Unterton von seinen Vorfahren, die vor über 450 Jahren das Oberbaselbiet in Richtung Norddeutschland verlassen hätten, und dass er nun hier sei, um seine Wurzeln zu finden. »Am Hof zu Preußen haben wir es zu etwas gebracht. Aber dieses Land hier« – mit seinem rechten Arm zeichnete er einen ausladenden Kreis, der spielend von Horizont zu Horizont reichte – »stand auch einmal in unserem Besitz. Darum gehört es eigentlich immer noch mir.«

Der Chauffeur verzog den Mund. Im Rückspiegel konnte er auf dem Gesicht seines Passagiers während dessen Ausführungen nicht das kleinste Anzeichen von Ironie erkennen, weshalb er es vorzog zu schweigen.

Nachdem Harald Maximilian von Krug sich im Hotelzimmer eingerichtet und die Aussicht über *»sein Land«* genossen hatte, schnürte er die Wanderschuhe, die er für diese Expedition eigens in einem Outdoor-Geschäft in der Hamburger Innenstadt gekauft hatte, und machte sich auf den Weg zur Homburg **78**. Was war das für eine kleine, steile Landschaft hier, dachte er. Ganz anders als das Weite, Übersichtliche und Ausladende, das er gewohnt war. Als er die Burgruine der Homburg viele Schweißtropfen später erreichte, fand er sie enttäuschend und ziemlich erbärmlich. Außer dem ehemaligen Wohnturm, dessen Aussichtsterrasse auf dem oberen Mauerabschluss er schnaufend erreichte, bestand sie vorwiegend aus den Andeutungen ehemaliger Gebäude und war mit einer Burg, wie er sie sich in seiner Fantasie ausgemalt hatte, nicht im geringsten zu vergleichen. Dennoch schwoll seine Brust, als hätte sie jemand aufgepumpt, und nachdem er sich vergewissert hatte, dass er alleine auf der Ruine war, umfasste seine Hand das Geländer, er blickte erhaben über die Baumwipfel in die Weite und rief: »Alles meins!«

Sein Vorfahr, Sebastian Krug, Landvogt zu Homburg in der Mitte des 16. Jahrhunderts, hatte sicher auch so heroisch das Tal überblickt – wenigstens während seiner äußerst kurzen Amtsdauer von einem einzigen Jahr, bevor er überstürzt ausgewandert war. Nirgendwo hatte Harald Maximilian von Krug herausfinden können, was der Grund dafür gewesen war. Unter anderem deswegen war er in die Schweiz gereist, um dieses Geheimnis zu lüften.

Na ja: Zwar hatte er bereits aus dem Internet erfahren, dass die Homburg im Jahr 1798 dasselbe Schicksal ereilt hatte wie die Farnsburg [79] und die Waldenburg [80] – aufgebrachte, von der Französischen Revolution inspirierte Bauern hatten die drei Basler Landvogtsitze gestürmt, dem Erdboden gleichgemacht und ihre Unterdrücker vertrieben –, dennoch war er etwas enttäuscht, dass diese alten Mauern nicht unbedingt so aussahen, als hätten sie außer ein paar Eidechsen und sonnenliebenden Felsenpflanzen viele Geheimnisse preiszugeben.

Vor lauter Gedanken hatte von Krug nicht bemerkt, dass sich in rekordverdächtiger Geschwindigkeit schwarze Wolken über die Hügel geschoben hatten. Die ersten Windstöße, die rund um die Homburg fegten und in die Baumkronen griffen, ließen ihn erschaudern. Erst jetzt nahm er das nahende Gewitter wahr, und ein mulmiges Gefühl erfasste ihn. An einen Regenschutz hatte er nicht gedacht, denn als er aufgebrochen war, den ehemaligen Sitz seines Vorfahren wieder zu erobern, hatte er nicht mit Gegenwind gerechnet.

Uaaah! Wie habe ich wieder schlecht geschlafen die letzten 14 Tage seit Neumond. Das geht seit 475 Jahren so. Immer wenn ich denke, ich könnte endlich Ruhe finden und müsste nicht mehr aus meinem Bottich erwachen, steht der Mond wieder genau so, dass ich geweckt werde. Damals, als der Vogt von Homburg mich erstach und das Weite suchte und meine Ermordung ungesühnt blieb, damals war ebenfalls Vollmond. Und seither geistere ich herum, seit 1542!

Morgen ist es wieder so weit. Ach, ach, diesmal schmerzt sie ganz besonders, die Stelle in meiner Brust, wo des Vogts Schwert mich traf. Ist es, weil eben erst Johannis war, die schönste Nacht oben in Ramsow? Was haben wir gelacht damals im Bad! Was verbrannte ich unzählige Klafter Holz vom Wisenberg, um das Wasser zu heizen, in dem meine Gäste das Leben genossen! Frauen und Männer ungezwungen beieinander. Im Badebottich gab es weder zugeknöpfte Gewänder noch zugeknöpfte Leute, da hatten die Regeln der Kirche keine Macht, und ihre Moral reichte nicht bis nach Ramsow. Nein, nein, so richtig unzüchtig ging es gar nicht zu bei uns, verglichen mit dem, was ich aus der Gegenwart so erfahren habe – aber für den Vogt und den Pfarrer reichte es längst. Sie wollten uns unsere Freude nehmen, denn Lebensfreude ist der Feind der Macht. Und dass ich mich dagegen wehrte, musste ich mit dem Leben bezahlen.

Als der neue Gast zurück ins Hotel stolperte, klebten ihm seine Kleider tropfnass am Leib, der Rucksack schien bis oben mit Wasser gefüllt, und sein kahler Kopf hatte die Farbe einer fast reifen Tomate angenommen.

»Oh, Sie waren wandern?«, fragte die Dame hinter der Rezeption voller Anteilnahme. Als sie mit einem »Scheißwetter, verdammtes, und das nennt ihr Sommer?« heruntergeputzt wurde, verschwand ihr Mitgefühl allerdings ziemlich schnell.

»Ja, Gewitter haben die Angewohnheit, dass sie überwiegend im Sommer auftreten«, sagte sie schnippisch zu sich selber, nachdem der Gast wutschnaubend von dannen gestapft war.

Beim Abendessen war sein Zorn offenbar noch nicht verraucht. Die rückeroberte Burg seines Vorfahren hatte sich nicht als Klein-Neuschwanstein entpuppt, sondern als klägliche Ruine. Im Internet hatte sie irgendwie nicht so winzig ausgesehen. Und dass der Kanton Baselland, wie von Krug recherchiert hatte, mehrere Millionen in deren Sanierung investiert hatte, erfüllte ihn mit noch mehr Unverständnis. Wieso hatten die denn nicht wenigstens für ein anständiges Dach, eine Toilette und allermindestens einen Kiosk gesorgt, wenn ihnen die Homburg schon so wichtig war? Nein, das war wirklich nicht zu glauben. Kein Wunder, hatte sein Vorfahr aus dieser hinterwäldlerischen Gegend Reißaus genommen!

Und weil er nun mal wütend war, ließ der Gast seinen Frust an der Bedienung aus, die sein Abendessen brachte.

»Das nennen Sie eine ganze Portion? Bin ich denn auf Diät?«, schnaubte er herablassend, während er auf den Teller deutete, und sah sich verständnisheischend im Restaurant um. Doch alle anderen Gäste um ihn übten sich in vornehmer Zurückhaltung oder gehemmtem Ignorieren. Nur eine schmächtige Frau am Nebentisch, die vor sich eine leere Teetasse stehen hatte, wandte den Blick nicht von ihm weg. Als er genauer hinsah, erkannte er, dass ihr etwas schmutziggraues, eher dünnes Haar, das sie locker zusammengebunden trug, nass war, wie seins gewesen wäre, wenn er noch welches auf dem Kopf gehabt hätte. Offenbar war auch sie draußen gewesen und vom Platzregen überrascht worden.

»Scheißwetter, nicht wahr?«, fragte er sie.

»Es gibt kein schlechtes Wetter, nur schlechte Kleidung«, widersprach sie mit unerwartet scharfer Stimme. »Und schlechten Charakter.«

»Frechheit! Was erlauben Sie sich, mich zu beleidigen? Ich bin hier, weil ich ein Nachfahre des Vogts von Homburg bin«, rief er und sprang auf. Musste er sich so was von einer dahergelaufenen alten Schachtel gefallen lassen?

Augenblicklich wurde es still im Restaurant. Das fröhliche Klappern von Geschirr und Besteck war verstummt, und alles starrte ihn an.

»Aha«, zerschnitt schließlich die Stimme der Frau die betretene Stille, und eine weitere nervenzehrende Kunstpause später: »Wer hätte das gedacht.«

Es klang nicht anerkennend. Harald Maximilian hätte mit mehr Obrigkeitsglauben gerechnet. Ihre kleinen Äuglein funkelten fast schon böse, und eigenartigerweise lösten ihre Worte in ihm eine diffuse Beklemmung aus. Plötzlich fühlte er sich nackt und ertappt. Hätte er doch lieber nichts gesagt!

In dieser Situation half nur eins: Die Flucht in die Verteidigung. »Wollen Sie mich beleidigen?«, wiederholte er darum, um der unheilvollen Stille ein Ende zu setzen, und ließ seine Stimme so fest erklingen, wie es ihm möglich war.

Die Frau schwieg unerträglich lange, bis sie sagte: »Manchmal reicht auch lange Zeit nicht, um zu vergessen.«

Von Krug verstand nicht, was sie damit meinte, doch er schaffte es nicht, nochmals etwas zu sagen. Er wandte sich demonstrativ ab und setzte sich wieder hin. Doch für den Rest der Mahlzeit war es ihm, als spüre er den Blick der Unbekannten zwei Schwertern gleich in seinem Rücken. Es dauerte eine Weile, bis die ausgelassene Gemütlichkeit halbwegs in die Gaststube zurückgekehrt war. Als von Krug seinen Teller geleert hatte, war die schmächtige Alte verschwunden.

Er ist hier! Allmächtiger, Allgütiger, er ist hier. 475 Jahre musste ich warten, doch nun ist der Zeitpunkt der Rache gekommen. Ächzend erhebe ich mich aus meinem Badebottich und husche durch den Haupteingang des Hotels, sehe der Rezeptionistin über die Schultern. Ich kann die modernen Buchstaben, die auf dem Bildschirm flimmern, nicht entziffern. Lesen konnte ich schon zu meinen Lebzeiten fast nicht. Dies war damals auch gar nicht nötig für normale Leute wie uns. Und das brauche ich auch heute nicht. Denn ich weiß, wer das war, der heute Abend, vom Regen völlig durchweicht, das Hotel betreten hat. Er hat sich selber demaskiert. Jetzt bin ich mir sicher. Ich werde ihn kriegen. Uaaaah.

Am nächsten Tag behinderte die Tatsache, dass es Samstag war, Harald Maximilian von Krugs unbändigen Drang, weiter nach der heroischen Vergangenheit seiner Familie zu forschen. Denn das Staatsarchiv in Liestal war geschlossen und würde vor Montagmorgen seine Tore nicht öffnen. Nicht einmal von solch wichtigen Dingen wie den genealogischen Expeditionen eines weitgereisten Herrn mit adeliger Vorsilbe ließen die Staatsangestellten, mit denen er telefoniert hatte, sich beeindrucken, diese arbeitsscheuen Beamten.

Abends schloss er sich spontan einer Wandergruppe an, die sich für eine angekündigte »Vollmondwanderung mit Sagen« vor dem Hotel versammelte. Harald Maximilian von Krug interessierte sich zwar nicht für den Vollmond, Sagen hielt er für lächerlichen und abergläubischen Hokuspokus, und vom Wandern hatte er nach seiner gestrigen nassen Erfahrung eigentlich die Nase voll. Aber nachdem er sich einen Tag lang gelangweilt hatte, war diese geführte Wanderung die bessere Alternative als der Aufenthalt allein im Hotelzimmer. Zudem hatte er in der vergangenen Nacht wirres Zeug geträumt, das er den ganzen Tag nicht aus dem Kopf hatte verbannen können und das ihn beklemmte. Darum zog er Gesellschaft dem Alleinsein vor – und wenn es die Gesellschaft einer Wandergruppe war!

Die Wanderleiterin, eine Frau mit blonden, hochgesteckten Haaren und großem Rucksack, begrüßte die über 20 Menschen und zwei Hunde, die in froher Erwartung vor dem Hotel bereitstanden.

Der Trip begann schon mal schlecht, nämlich bergauf. Die anderen Teilnehmer schienen sich aus unerfindlichen Gründen darüber zu freuen, ins Keuchen zu kommen. Harald Maximilian nicht. Aber er riss sich zusammen und zog vorwärts, denn kaum fünf Meter hinter ihm lief mitten in der Wandergruppe die schmächtige Unbekannte, mit der er tags zuvor im Restaurant aneinandergeraten war. Leider hatte er erst nach der Begrüßung wahrgenommen, dass auch sie sich unter den Teilnehmern befand. Da hatte er bereits seinen Namen auf der Liste eingetragen und die Teilnahmegebühr bezahlt, weshalb er mitgehen musste, da er dieser Wandertante nicht einfach Geld schenken wollte. Wäre ihm früher aufgefallen, dass die alte Schachtel auch mitkommen wollte, hätte er sich allerdings lieber ins Zimmer verkrochen, denn mit ihrem Auftauchen war dieses beklemmende Gefühl der Unsicherheit, das ihn seit gestern verfolgte, nur noch stärker geworden.

Ein schmaler Weg, der durch den Wald bergan führte, zwang die Gruppe zur Einerkolonne, und die Unbekannte reihte sich exakt hinter Harald Maximilian ein. Ein diffuses Frösteln kroch ihm über den Rücken – und da war es wieder: dieses Gefühl, als grabe sich ihr Blick ihm Messern gleich in seinen Leib. Mehrmals versuchte er, sich unauffällig umzudrehen, aber es gelang ihm nicht, denn er musste auf den Weg achten, um nicht zu straucheln. Einmal stellte er sich an den Wegrand und tat so, als bewundere er einen großen Käfer auf dem Blatt eines Gebüschs, aber die Frau überholte ihn entgegen seiner Hoffnung nicht: Sie blieb ebenfalls stehen und setzte sich erst wieder in Bewegung, als er aufgab und weiterging.

Das war das erste Mal, dass Harald Maximilian von Krug sich richtig bedroht fühlte, ohne dass er hätte erklären können, weshalb, und er wünschte sich, gar nie ins Homburgertal gereist zu sein. Es half alles nichts. Es war zu spät. Während die Dämmerung allmählich ihre klammen Finger durch die Bäume zu strecken begann, ging er weiter, als würde er von einer unsichtbaren Macht getrieben, und der Angstschweiß rann ihm in breiten Bächen über die Stirn.

Beim ersten Halt an einer Weggabelung im Wald holte eine Kollegin der Wanderleiterin ein Buch aus dem Rucksack und verkündete, dass sie nun eine Sage aus der Gegend vorlesen würde.

»Dazu müssen Sie wissen«, dozierte sie, »dass es beim Bau des Hauensteintunnels 81, der Läufelfingen mit Trimbach verbindet, im Mai 1857 zu einer großen Katastrophe kam: Ein Lüftungsschacht fing Feuer, und so wurde der Tunnel für 52 Arbeiter zur tödlichen Falle. Elf weitere Menschen bezahlten den Versuch, sie zu retten, mit dem Leben. Damals wusste man noch wenig über die todbringende Gefahr von Kohlenmonoxid und Rauchgasen. In den Jahren danach begegneten die Menschen von Läufelfingen in der Nähe des Tunnelportals oder rund um den zugeschütteten Schacht, welcher die Katastrophe ausgelöst hatte, immer wieder rätselhaften Erscheinungen. So geht auch folgende Sage: An einem Sommerabend sah eine Frau, die am Tunnelschacht vorbeiging, plötzlich einen jungen Mann, der in fremdartige Kleidung gehüllt war, wie sie einst die Tunnelarbeiter getragen hatten. Auf dem Rücken trug er einen ledernen Tornister und auf dem Kopf einen Hut mit breiter Krempe. Sie dachte, es könne ein Engländer sein, der nach Hause wolle. Sie nickten sich zu, aber der Mann sagte kein Wort und verschwand alsbald hinter den Bäumen. Wenig später traf sie ihren erwachsenen Sohn, welchem sie von der Begegnung erzählte, doch dieser lachte sie nur aus.

In der folgenden Nacht aber schwoll der Kopf des Sohnes an wie ein Kürbis, und alle Umschläge und Medizin nützten nichts. Erst als er ein paar Tage später gemeinsam mit der Mutter unterwegs war und sie dem geheimnisvollen Mann mit Tornister und Hut erneut begegneten, konnte er mit eigenen Augen sehen, dass die Erscheinung Wirklichkeit war. Am nächsten Tag war das Geschwulst dann verschwunden.«

Ein Raunen ging durch die Zuschauer. Einige applaudierten. »Uh, jetzt habe ich glatt Gänsehaut bekommen«, wisperte eine Frau ihrem Begleiter zu, der die Griffe seiner Nordic-Walking-Stöcke fest umklammert gehalten hatte. Harald Maximilian wagte einen verstohlenen Blick zur alten Unbekannten hinüber, doch er konnte nur ihren Hinterkopf sehen. Ihr Gesicht war hinter dem Rucksack eines athletischen Wanderers mit leuchtroter Jacke verborgen.

»Wollen Sie noch eine Geschichte hören, bevor wir weitergehen?«, fragte die Sagenerzählerin und wartete die Zustimmungsbekundungen gar nicht erst ab, sondern schlug das Buch an einer anderen Stelle auf.

»Die nächste Sage spielt auf der Homburg, und zwar im 18. Jahrhundert: Damals zog einmal ein Landvogt ab, der als sehr harter und grausamer Mann verschrien war, welcher mit eiserner Hand über die Bevölkerung des Homburgertals geherrscht hatte. Alle waren froh, den Bedrücker loszuwerden, nur eine Frau wehklagte laut vor dem Eingang zum Schloss. Dieser war über ihr Verhalten sehr erstaunt und fragte sie darum, weshalb sie weine. »Weil Ihr nun fortgeht«, antwortete sie schniefend. Dem Landvogt, der genau wusste, was die Leute von ihm dachten, kam dies sonderbar vor. Er fragte die Jammernde, warum sie denn über seinen Wegzug weine, während andere Leute froh seien und ihn stets einen bösen, harten Mann genannt hatten. »Ja, genau darum weine ich«, erwiderte die Frau, »wissen Sie, man sagt ja immer, es käme nichts Besseres nach. Und wenn jetzt ein Landvogt kommt, der auch nur ein kleines bisschen böser ist als Ihr, dann kann das niemand anders sein als der Teufel höchstselbst. Vor diesem graut mich aber noch mehr als vor Ihnen, und darum wäre es mir lieber gewesen, Ihr wärt geblieben!«

Ein Lachen ging durch die Gruppe. Harald Maximilian von Krug lachte nicht mit. Diese Sage war überhaupt nicht lustig, fand er, sondern sie zeugte einzig vom aufmüpfigen Wesen und der tumben Beschränktheit der lokalen Bevölkerung. Doch er zog es vor, seinen Unmut nicht offen kundzutun. Er fürchtete sich vor allfälligen Reaktionen, und er fühlte sich so klein wie selten.

Nach einem Zwischenstopp auf einer Magerwiese an der Flanke des Wisenbergs 82 und zwei weiteren alten Sagen erreichte man endlich den Gipfel auf 1.001 Metern über Meer. Hier gab es einen kleinen Umtrunk, und die Wanderer erklommen so begeistert die Wendeltreppe des Aussichtsturms, der auf einer kleinen Lichtung thronte, als gäbe es dort oben etwas gratis.

Es gab Wind, aber die Aussicht war wirklich sehenswert, das musste sogar Harald Maximilian schweigend zugestehen, als er sich schwer atmend am Geländer festkrallte.

Links von der Sonne, die den Himmel in immer intensivere gelbe und rote Farbtöne tauchte, ragten die Hügel des Faltenjuras wie Haifischzähne über den Horizont. Gegen Norden hin lag der deutlich lieblichere Tafeljura, überzogen von einem Flickenteppich aus Dörfern, Feldern, Äckern und Wäldern. Gegen Süden erstreckte sich das Mittelland, abgeschlossen von der Alpenkette. Im Vordergrund leuchtete der Kalkstein der Wisnerfluh 83 lachsfarben im warmen Abendlicht.

Harald Maximilian von Krug bemühte sich stark, und ein kleines bisschen gelang es ihm sogar, die Aussicht zu genießen. Ein klitzekleines bisschen.

Später war alles Positive dieser Wanderung wieder weg. Der Abstieg über den steilen, steinigen Weg auf der anderen Seite des Wisenbergs war mühsam. Mittlerweile war es Nacht geworden. Irgendwo schrie eine Eule.

Als die Gruppe den Wald auf der Solothurner Seite des Wisenbergs wieder verließ und somit den finstersten Schatten entrann, stand der Mond als helle, volle Scheibe am Himmel. Die Landschaft bezauberte auch bei Nacht und sah aus wie von einem Aquarellkünstler hingemalt. Na ja, von einem schwermütigen Aquarellkünstler vielleicht.

»Wir brechen nun wieder auf«, kündigte die Wanderleiterin an, nachdem ihre Kollegin drei weitere kurze Sagen zum Besten gegeben hatte, in denen ein abergläubischer Kapuzinermönch, ein Hund mit feurigen Augen und ein Bauer eine Rolle spielten, der wegen einer frevlerischen Grenzsteinversetzung nach seinem Tod keine Ruhe fand und deshalb brave Wanderer durch unvermitteltes Auftauchen erschreckte.

Harald Maximilian von Krug war heilfroh. Nun war es nicht mehr allzu weit bis zurück zum Hotel. Die Wanderung wurde für ihn immer mehr zur Tortur, sein Herz hämmerte gegen die Brust, und er spürte den Muskelkater von gestern. Zudem strauchelte er immer wieder. Er war die steinige Unebenheit dieser Landschaft einfach nicht gewöhnt.

Die meiste Anstrengung wandte er allerdings dazu auf, sich von der unheimlichen Alten fernzuhalten, die sich auf unerklärliche Weise irgendwie immer in seiner unmittelbaren Nähe aufhielt. Sie schien regelrecht aufsässig, ohne dass sie auch nur ein einziges Wort mit ihm gewechselt hätte. Aber sie machte ihm Angst. Harald Maximilian von Krug war so verunsichert, dass er plötzlich sogar Furcht vor der Dunkelheit im Allgemeinen verspürte – so sehr, dass er sich trotz zunehmenden Harndrangs nicht traute, rasch hinter einem Baum zu verschwinden, um Wasser zu lösen.

Einigen aus der Gruppe schien seine Nervosität nicht zu entgehen, und eine ältere Dame fragte ihn mit sorgenvoller Stimme, ob ihm nicht wohl sei. »Doch, mir ist immer wohl«, bellte er sie an und versuchte, fortan auch diese Dame zu meiden.

Von Krug war irritiert. Wie konnte es sein, dass sein Gefühl der Sicherheit, das ihn sonst immer und überall hin begleitet hatte, hier dahinschmolz wie ein Eisklotz in der Sonne? War diese Beklemmung, die dieser Ort auf ihn ausübte, am Ende gar der Grund gewesen, weshalb sein Vorfahr damals ausgewandert war? Noch nie in seinem ganzen Leben hatte er so was erlebt, diese Angst, diese unterschwellige Beklemmung, das sprichwörtliche Sträuben der Nackenhaare. Sonst hatte er immer und überall Erfolg gehabt und war bewundert worden, egal wie und egal wo. Noch nicht einmal ein Gewitter hatte gewagt, ihn zu erniedrigen. Bis gestern.

Als der Weg an einem Bauernhof vorbei zurück in den Wald führte und das Terrain immer steiler wurde, wuchs seine diffuse Furcht noch mehr, die ihm den Angstschweiß aus den Poren trieb, als lauere irgendwo hinter einem Felsblock oder einem alten Baumstrunk der Tod persönlich auf ihn.

Eine dunkle Wolke schob sich vor den Mond. Irgendwo in weiter Ferne hinter dem Wisenberg grollte ein Donner. Mit dem Verschwinden der Schatten verwandelte sich der Wald in eine einzige finstere Masse.

»Schaut bitte gut, wo ihr hintretet, und bleibt nicht stehen. Hier ist Steinschlaggefahr«, ertönte die Warnung der Wanderleiterin, die zur Eile antrieb. Die andächtige Stimmung von vorhin war verflogen und hatte einer leicht gehetzten Nervosität Platz gemacht, die die ganze Gruppe zu erfassen schien. Ein jüngeres Pärchen kicherte etwas überdreht und knipste die mitgebrachte Taschenlampe an. Als jemand sich über das Kunstlicht beklagte, maulten sie, sie sähen ansonsten ja die Hand vor Augen nicht mehr. »Phuaa, wenn plötzlich einer dieser Geister aus den Sagen lauert«, wisperte der junge Mann und knuffte seine Freundin in die Seite, »oder wir sogar über eine Leiche stolpern oder so!« »Iiih, hör auf, du machst mir ja Angst«, erwiderte sie gehässig, worauf er nach einem beleidigten »sonst magst du doch diese Tatortfilme und den ganzen Kommissarenblödsinn immer« schwieg.

Bei den Worten »Geist« und »Leiche« schoss Harald Maximilian von Krug zweimal heißes Blut in die Adern. Seine bereits angespannten Nerven drohten zu reißen, und am liebsten hätte er den Witzbold angeschrien, oder verprügelt, oder verklagt, egal. Aber auch das nahm ihm seine aufkeimende Panik nicht. Er musste nur noch aushalten, bis er zurück war im Hotel, dann würde er sich im Hotelzimmer einschließen, zur Sicherheit eine Stuhllehne unter die Türfalle schieben und sich sofort ein Flugticket zurück nach Hause buchen. Er hatte so was von genug! Seine Wurzeln in diesem unheimlichen Landstrich hier konnten ihm gestohlen bleiben!

Aber zuerst musste er trotz allem noch austreten, bevor seine Blase platzte. Denn jetzt, wo der Weg wieder steiniger wurde und steiler bergab führte, war es noch schwieriger, den Harndrang unter Kontrolle zu halten. Es blieb ihm nichts anderes übrig, als sich zurückfallen zu lassen und zu warten, bis die Gruppe sich etwas entfernt hatte.

Nachdem die anderen Wanderer endlich vom Dunkel der Nacht verschluckt worden waren und er ausgerechnet als Letzte die Alte wahrnahm, die seine Furcht nährte wie stetig tropfendes Öl ein Feuer, wollte er die Hose öffnen, als ein lautes Knacken ihn erstarren ließ.

Ein großes Etwas kugelte zwischen den Bäumen den steilen Hang oberhalb des Weges hinunter, Laub wirbelte auf und Unterholz brach krachend. Er wollte schreien, doch sein Hals war wie zugeschnürt, und die Zunge klebte reglos am plötzlich völlig ausgetrockneten Gaumen fest. Als er sah, dass es ein runder Gesteinsbrocken war und nicht, wie er zuerst geglaubt hatte, ein Kopf, wollte er erleichtert aufatmen, doch da erfasste ihn ein eiskalter Hauch im Nacken. Er fuhr herum.

»Da bist du ja. So lange habe ich auf dich gewartet!«

Drang diese schreckliche Stimme aus dem Wald oder hallte sie aus der Felswand neben ihm, die er in der Dunkelheit erahnen konnte, oder bildete er sie sich in seinem panikzermarterten Kopf nur ein?

»Ich habe gewartet. Ja, auf dich, Krug.«

Nein, das war keine Einbildung, jetzt hörte er es ganz genau. Die Stimme war da. Und sie sprach zu ihm.

»Wer ist da?« Er wollte es rufen, in lautem, überzeugtem Ton, donnernd und fordernd. Vielleicht gelang es ihm damit auch, die anderen, deren Gemurmel und Schritte sich allmählich im Wald verloren, auf seine Not aufmerksam machen. Doch seiner Kehle entwich nur ein heiseres Krächzen.

»Bist du also zurückgekommen, Krug! Hat lange gedauert.«

»Wer bist du? Ich kenne dich nicht.«

Langsam nahmen die Schemen am Wegrand Gestalt an. Die Gestalt eines gedrungenen Mannes, gewandet in altertümliche, ärmliche Klamotten, setzte sich aus Restlichtpartikeln und Staub zusammen. Das Haar stand ihm wirr vom Kopf ab, auf dem Gesicht lastete ein so dunkler Schatten, dass es nicht zu erkennen war, und in seiner Brust, die von einem fleckigen Hemd nur ungenügend bedeckt war, klaffte ein zerfleddertes, schwarzes Loch.

Ein Geist, wollte Harald Maximilian rufen, doch seine Muskeln schienen gelähmt, während sein Gegenüber erneut den Mund öffnete: *»475 Jahre musste ich ausharren in diesem verfluchten Badebottich am Wisenberg, bis du wieder zurückgekommen bist, damit ich mich endlich rächen kann.«*

»Ich …«

»Endlich wird auch das Blut jenes Schurken fließen, der mich ins Jenseits befördert hat.«

»Nicht.«

»Du wirst …«

Weiter hörte Harald Maximilian nicht. Lautlos sackte er zu Boden.

Es war dem Harndrang eines anderen Wanderers aus der Gruppe zu verdanken, dass Harald Maximilian von Krug fast sofort gefunden wurde. Der andere Wanderer – es war der große, athletische mit der roten Jacke – war ebenfalls ein Stück zurückgeblieben, und sein erschreckter Hilferuf zerriss plötzlich die Nacht. Das grelle Licht seiner Taschenlampe, die er eilends aus der Jacke geklaubt hatte, ließ den leblosen Körper auf dem Mergelweg unnatürlich kantig aussehen. Die Schatten tanzten hysterisch im benachbarten Wald.

»Schnell!«, schrie er. Während die Teilnehmer der Wanderung erschreckt in seine Richtung starrten und wie angewurzelt stehen blieben, löste sich ein Mann aus der Gruppe, rannte zu ihm hin und beugte sich sofort über den am Boden Liegenden. Er prüfte dessen Atmung und Puls, drehte ihn, als er weder das eine noch das andere fühlen konnte, auf den Rücken und begann mit schnellen, entschiedenen Stößen eine Herzmassage.

»Können Sie das denn?«, fragte der junge Mann verwundert, der eben noch von den Geistern und der Leiche gesprochen hatte und nun mit aufgerissenen Augen dastand.

»Ja, ich bin pensionierter Hausarzt«, antwortete der Nothelfer und konzentrierte sich auf die Massage, während die Wanderleiterin die Notfalltelefonnummer der Rega wählte, bevor sie mit allen Kräften ihre Gruppe zu beruhigen versuchte, welche sich in eine Herde Schafe verwandelt zu haben schien, welche den Wolf gerochen hat und nur Sekundenbruchteile vor der kollektiven Panik steht.

Als Harald Maximilian von Krugs Atem wieder einsetzte und er sich mit einem heiseren Husten ins Leben zurück meldete, machte er damit die Wandergruppe so glücklich, wie es ihm mit seinem Verhalten wohl seit Jahrzehnten nicht mehr gelungen war.

Nur eine einzige Teilnehmerin fiel nicht in das aufgeregte und erleichterte Geschnatter mit ein, das nun ausbrach und wie es nur Menschen an den Tag legen, die sich eben noch an der Schwelle zum Drama sahen und nun feststellen, dass die Welt unerwarteterweise doch noch ein Happy End für sie bereitgehalten hat. Es war die Unbekannte aus dem Restaurant. Sie war verschwunden.

Uaaah! Oh weh! Alles vergeblich. Er lebt wieder, und der Fluch lastet weiterhin auf mir! Warum haben die Menschen in den vergangenen 475 Jahren auch Dinge erfunden, denen ich nicht gewachsen bin? Herzmassage, Handys, Rettungshelikopter? Wie soll ich als armer mittelalterlicher Bottichgeist da eine Chance haben? Die moderne Technik ist ein zu großer Gegner für mich, ihr konnte ich den, an dem ich mich rächen wollte, nicht abtrotzen. Der Vogt hatte nochmals Glück. Und ich habe meine geliebte Anna, die tapfer mitgelaufen ist und ihn mir heute Abend doch so schön hergeführt hat, ein zweites Mal verloren.

Anmerkungen:

Zum historischen Teil dieser Geschichte: Die Begebenheiten rund um die Homburg und Ramsow am Wisenberg stimmen, mit Ausnahme des Mordes. Dieser ist frei erfunden. Weshalb Sebastian Krug von anno 1541 bis 1542 aber wirklich nur ein knappes Jahr als Landvogt auf der Homburg amtete, bevor er von Martin Hagenbach abgelöst wurde, entzieht sich nicht nur der Kenntnis seines fiktiven Nachfahren, sondern auch jener der Autorin.

Zu den in dieser Geschichte nacherzählten Sagen: Diese gibt es wirklich. Also die Sagen. Sie sind leicht bearbeitet dem Buch »Baselbieter Sagen« von Paul Suter und Eduard Strübin entnommen, erschienen im Baselbieter Kantonsverlag (heute »Verlag des Kantons Basel-Landschaft«, vormals »Kantonale Drucksachen- und Materialzentrale«). Eine sehr empfehlenswerte Sammlung!

73 Bad Ramsach wurde als »im Ramsow« erstmals im 15. Jahrhundert urkundlich erwähnt. Der Name führt von »Ramsen« oder »Rampsen« her, einer alten Bezeichnung für Bärlauch, sowie von Au. Der ursprüngliche Sennereihof, neben dem ein Heilbad betrieben wurde, wechselte im Lauf seiner Geschichte unzählige Male den Besitzer. Wie lange die Heilquelle schon als Bad benützt wird, ist nicht bekannt. Die Anfänge dürften aber in vorchristliche Zeit zurückreichen, da verschiedene »heidnische Kulte« – von Kirche und Obrigkeit äußerst ungern gesehen – am Wisenberg recht lange überlebten. Heute heißt das Hotel »Bad Ramsach Quellhotel«, ist als Schweizer Heilbad anerkannt und verfügt über Seminarräume, ein Spa und verschiedene Gesundheitsangebote. Und genau gleich wie bereits seit Jahrhunderten besticht es mit seiner einzigartigen Lage und der wunderbaren Aussicht übers Baselbiet. www.badramsach.ch

74 Die offizielle Bezeichnung des »Läufelfingerlis«, wie es im Volksmund liebevoll heißt, lautet S9. Die Regionallinie verbindet Sissach mit Olten (Kanton Solothurn) durchs Homburgertal und verkehrt auf der alten Hauensteinstrecke, welche die erste Bahnverbindung durch den Jura überhaupt war. Nach der Eröffnung der Hauenstein-Basisstrecke im Jahr 1916 verkam sie zur Nebenlinie und wurde, als eine der letzten Bahnlinien in der Schweiz überhaupt, erst in den 1950er-Jahren elektrifiziert. Seit Jahrzehnten

wird das Läufelfingerli immer wieder vom Sparhammer der Baselbieter Regierung bedroht, die Stilllegung konnte bisher aber immer erfolgreich verhindert werden, letztmals in einer Volksabstimmung im November 2017, die im Homburgertal zu sensationell hohen Stimmbeteiligungen führte, von denen eine direkte Demokratie wie die Schweiz mit vier Abstimmungsterminen jährlich sonst nur träumen kann.
Die S9 ist nicht nur bei Pendlern aus dem Homburgertal, sondern auch bei Ausflüglern eine beliebte Strecke.

75 Der Weiler Sommerau gehört politisch zu Gelterkinden und hat nur wenige Dutzend Einwohner, was ihn aber nicht daran hindert, über einen eigenen Bahnhof zu verfügen. Dies hat einen historischen Grund: Er befindet sich in der Mitte zwischen Sissach und Läufelfingen. Deshalb wurde er dazu auserkoren, als Wasser-Nachfüllstation für Dampflokomotiven zu fungieren, welche auf der 1858 eröffneten alten Hauensteinstrecke – notabene der allerersten Eisenbahnverbindung zwischen Basel und dem Schweizer Mittelland – bergwärts schnaubten. Früher war die Sommerau denn auch ein wichtiger Umschlagbahnhof für Milch oder Kirschen sowie Ausgangspunkt der Erschließung des südlichen Bezirks Sissachs mit der Postkutsche. Heute schläft sie ein wenig den Dornröschenschlaf, ist aber als Ausgangspunkt für eine Wanderung zum lauschigen Wasserfall »Rünenberger Giessen« bestens geeignet.

76 Das Eisenbahnviadukt von Rümlingen ist eine der ältesten Eisenbahnbrücken der Schweiz – und eine der schönsten. In den Jahren 1855 und 1856 wurde es quasi in Rekordzeit hochgezogen, überspannt ein Seitental des Homburgertals und umfasst die eindrücklichen Maße von 140 Metern Länge und 25 Metern Höhe. Unter Eisenbahnfans gilt es als eines der beliebtesten Fotomotive der Nordwestschweiz – natürlich vor allem, wenn ein historischer Dampfzug darüber fährt.

77 Wandern muss nicht bedeuten, dass man das Gepäck selber zu schleppen hat – dies kann auch äußerst charmante Begleitung erledigen: Ziegentrekking ist ein einzigartiges Erlebnis für alle Tierfreunde. In Buckten kann man mit Pfauenziegen Geissenwandern gehen. Zur Auswahl steht eine Tour zur Homburg und eine zum Rünenberger Giessen. Weitere Informationen: www.geissen-wandern.ch

78 Die Homburg, gelegen zwischen Buckten und Läufelfingen, ist eine von zahlreichen Burgen im Kanton Baselland, von wo aus einst ein von der Stadt Basel eingesetzter Landvogt über die lokale Bevölkerung herrschte. Erbaut wurde sie ursprünglich im Jahr 1240 vom Grafen von Froburg, der damit die Passstraße des Unteren Hauensteins kontrollierte. 1798 fiel sie aufständischen Bauern zum Opfer und fristete seither ein Ruinendasein. Der Kanton Baselland ließ sie in den Jahren 2008 bis 2010 aufwendig restaurieren.

79 Die Farnsburg liegt genau auf dem »Dreiländereck« der drei Oberbaselbieter Gemeinden Buus, Hemmiken und Ormalingen. Sie gehört zu den größten Burganlagen des Kantons und ist ein beliebtes Ausflugsziel, von dem aus man die Alpen sehen kann. Rund um den Farnsberg, auf dem die Ruine thront, befindet sich der »Obstgarten Farnsberg«. In dem Naturschutzprojekt setzen sich Vogelschutzvereine, Landwirte und Stiftungen gemeinsam für den Erhalt der traditionellen Kulturlandschaft und für den Schutz seltener Tier- und Pflanzenarten ein.

80 Auch für die Waldenburg schlug das Schicksal im Jahr 1798 zu. Gelegen hoch über dem historischen Passort Waldenburg (siehe 7) am Fuß der Gerstelfluh (siehe 14), pilgern heute nicht mehr die Einheimischen zu ihr, um den Zehnten abzuliefern oder Fronarbeit zu leisten, sondern Wanderer und Familien, um die Aussicht zu genießen oder eine Wurst zu bräteln.

81 Der Alte Hauensteintunnel kann heute ehrlicherweise nicht mehr als der ultimative Freizeittipp verkauft werden. Seine im 21. Jahrhundert recht mickrig anmutende Länge von 2.495 Metern war in seiner Bauzeit allerdings eine Sensation und der Hauenstein-Scheiteltunnel, wie er auch heißt, der erste Juradurchstich überhaupt. Auf der im Jahr 1858 eingeweihten Bahnstrecke verbanden erstmals Züge Basel mit dem Schweizer Mittelland.

82 Der Wisenberg liegt ganz im Süden des Bezirks Sissach, und seine Spitze ist genau 1.001 m ü. M. hoch. Er

ist somit der östlichste Juraberg, der die 1.000-Meter-Marke knackt. Hier steht auf einer kleinen Waldlichtung ein Aussichtsturm, dessen Vorgänger während des Ersten Weltkriegs gebaut worden war. Nach dem ersten Holzturm folgte 1927 der Unterbau des heutigen Turms, dessen Oberbau in zwei Etappen hinzukam, um den wachsenden Wald stets überblicken zu können. Heute misst der Turm 24,5 Meter, und von seiner Aussichtsplattform bietet sich ein faszinierendes 360-Grad-Panorama.

83 Das Besondere an der Wisnerfluh ist nicht die Aussicht von ihrer Spitze, sondern ihr Aussehen, das seinesgleichen sucht. Sie erhebt sich, vom namensgebenden Dorf Wisen (Kanton Solothurn) aus betrachtet, als markante und nicht zu übersehende Felsformation weit aus den bewaldeten Jurahügeln und erinnert dabei in ihrer Ebenmäßigkeit ein wenig an einen Hut.

ZAPPENDUSTER

»Sind Sie sich sicher, dass Ihnen die Enge nichts ausmacht?«, fragte die Stimme am Telefon erneut. Zum mindestens dritten Mal.

»Ja, danke, ich bin mir sicher«, antwortete Ramona. Fast sicher jedenfalls, fügte ihr Unterbewusstsein hinzu, aber das sagte sie natürlich nicht laut. Zu faszinierend war der Gedanke, eine Höhle zu erkunden. Tropfsteine, Fledermäuse, jahrtausendealte Gesteinsformationen, unterirdische Wasserläufe. Den Untergrund kennenzulernen, abzutauchen unter die Oberfläche. Das genau war es, was der Beruf der Journalistin bedeutete, dachte sie. Ebenso wichtig wie Neugierde und Menschenkenntnis war für diese Tätigkeit der Mut, sich auf Unbekanntes einzulassen und sich eben beispielsweise auch von dunkler Enge nicht beeindrucken zu lassen. Stand jedenfalls in den Theoriebüchern.

»Also dann, am Donnerstag um 14 Uhr beim Chessiloch [84]«, schlug der Mann vor, nachdem er ihr die verschiedenen Höhlen des Chaltbrunnentals [85] am Telefon kurz erklärt hatte. Aufgrund der Beschreibungen hatte Ramona sich für einen Gang ins Schwellbachloch [86] entschieden.

»Yess«, stieß sie triumphierend aus, nachdem das Telefonat beendet war, und spielte vor Freude mit den Fingern einen Tusch auf der Schreibtischkante.

Mit den Höhlen im Laufental stand die nächste Folge der Serie über Stätten der Vergangenheit in der Region also fest – eine jener Storys, bei denen Ramona im Auftrag einer Zeitung über Orte berichtete, wo sich die Geschichte mit

Händen greifen ließ. Eben erst hatte sie sich von einem esoterisch angehauchten Hobbyhistoriker ein Dolmengrab bei der Klus bei Aesch 87 zeigen lassen und hatte mit einer Freizeit-Archäologin die Tongrube von Liesberg 88 besucht, um nach Versteinerungen zu schürfen. Nun war das Chaltbrunnental an der Reihe – zwar wäre die Birsgrotte bei Nenzlingen, wo man die Überreste der ältesten Schweizerin 89 gefunden hatte, historisch gesehen von größerer Bedeutung gewesen, aber auch in den Höhlen des Chaltbrunnentals hatten während der Eiszeit Menschen gelebt, und deshalb erlaubte Ramona sich diese kleine Abweichung.

Das Sommerwetter lud zum Wandern ein. Als Ramona in Grellingen aus der S3 nach Porrentruy stieg, freute sie sich auf den Fußmarsch zum Treffpunkt, den sie mit dem Höhlenforscher vereinbart hatte. Der Weg führte sie durchs Dorf, am Eingang zum wilden Chastelbachtal 90 vorbei und entlang von Bahnlinie und Birs flussaufwärts.

Als sie beim Wappenfelsen im Chessiloch ankam, war sie einige Minuten zu früh. Darum nahm sie sich die Zeit, die Felsmalereien zu betrachten, welche Soldaten während des Ersten Weltkriegs hier angebracht hatten, darunter Schweizer Kantonswappen, die Luzerner Kapellbrücke, einen bewaffneten Berner Bären oder den Freiheitshelden und Tyrannenmörder Wilhelm Tell. Ein paar Schritte weiter, wo die Wanderwegweiser ins Chaltbrunnental wiesen, stand ein Auto. Zuerst ging Ramona davon aus, dass es jenem Speläologen gehörte, mit dem sie verabredet war, doch wenig später kam ein hochgewachsener Mann auf dem Wanderweg von Grellingen her, ausgerüstet mit einem großen Rucksack, und streckte ihr lächelnd die Hand entgegen: »Hallo, wir haben telefoniert. Ich bin der Beat.«

»Ramona, freut mich.« Dass ihr Gegenüber gleich ins unkomplizierte Du gewechselt hatte, machte ihn ihr auf Anhieb sympathisch, und sie ergriff seine Hand. Diese fühlte sich so feingliedrig an, dass sie kurz erschrak und sich dann instinktiv fragte, wie eine so zerbrechlich wirkende Hand sich an Seilen über Abgründen festhalten oder sich um Schaufelgriffe spannen konnte, um unterirdischen Schlamm zu beseitigen.

»Wollen wir?«, fragte Beat. Sie nickte.

Als sie auf der Höhe des geparkten Autos waren, entging Ramona nicht, dass Beat einen langen Blick in dessen Inneres warf – zu lange dafür, als dass ihn dieses Auto überhaupt nicht interessierte, wie er auf ihre entsprechende Frage antwortete: »Das Ding gehört einem anderen Höhlenforscher, aber das ist völlig egal.«

Es klang nicht so, als sei der Halter dieses wild parkierten Autos der beste Freund ihres Guides.

»Solange er nicht Peter Meier heißt oder uns in der Finsternis auflauert, geht für mich alles klar«, witzelte sie. Dieser Peter Meier war ein Geschäftspartner gewesen in einer Firma, in der sie einst die Lehre absolviert hatte. Ewigkeiten her. Doch an seine arrogante Art und die Aufdringlichkeit, mit der er sie und ihre Kolleginnen behandelt hatte, war im Gedächtnis haften geblieben. Er hatte als Hobby Höhlenforschung betrieben, was er allen – auch jenen, die es nicht interessierte – bei jeder Gelegenheit unter die Nase gerieben hatte, Frauen gegenüber zusätzlich mit anzüglichen Andeutungen.

Energisch schob Ramona die Gedanken an die Vergangenheit beiseite. Beats Reaktion auf den Namen Peter

Meier ließ in ihr zwar keinen Zweifel offen, dass das Auto sehr wohl ausgerechnet jenem gehören musste, da er sonst anders reagiert hätte, doch sie zog es vor, das Thema nicht weiter auszubreiten. Sie hatte nicht die geringste Lust, auch nur einen Gedanken an diesen unangenehmen Zeitgenossen zu verschwenden, und dass es Beat gleich ging, war in seinen Augen zu lesen wie in einem offenen Buch. Vielleicht hatte Peter sich ja nicht nur früher jungen Frauen gegenüber schlecht verhalten, sondern belästigte seine gesamte Umwelt immer noch mit unangemessenem Benehmen.

Ramona wollte lieber Unverfängliches schwatzen. Sie hatte das Bedürfnis dazu, da sie sich eigentlich ganz und gar nicht sicher war, ob sie sich wirklich in nachtschwarze, nasse Spalten quetschen wollte. Sollte sie diese Expedition wirklich wagen?

Und falls der Zufall ihr böse wollte und sie den Meier doch hier im Chaltbrunnental treffen würden, würde es noch früh genug sein, sich über die Begegnung aufzuregen und danach viel Energie dafür aufzuwenden, die schlechten Gefühle in die Wüste zu schicken. Hoffentlich würde er sie wenigstens nicht mehr erkennen.

An einer Hinweistafel des Karstlehrpfads **91** blieb sie stehen und betrachtete die darauf abgebildeten Fotos, die wenig dazu beitrugen, ihre wachsende innere Anspannung beim Gedanken an den Gang in den Schlund zu zerstreuen: Ein Speläologe, der aussah, als habe ihn die Natur zwischen Fels und Sand in den Schraubstock genommen. Der Schädel eines Höhlenbären im Schlamm. Das Skelett eines in einer Höhle elendiglich zugrunde gegangenen Froschs. Das konnte ja heiter werden!

Während die beiden schweigend weitergingen, nahm die natürliche Kühle des Chaltbrunnentals immer mehr Besitz von ihnen. Die sommerlichen Temperaturen schienen den Weg ins Tobel nicht gefunden zu haben. Je weiter sie ins Tal hinein wanderten, desto enger rückten die Kalkfelsen, die seitlich hoch hinauf ragten und eine Art akustischer Barriere bildeten, welche den Gesang der Amseln und Rotkehlchen in sich gefangen hielt. Es war, als würden Beat und Ramona sich in eine abgekapselte Welt begeben, in der es vielleicht wirklich noch Höhlenbewohner aus der letzten Eiszeit gab – oder Feen oder Trolle, tanzend in den vereinzelten Sonnenstrahlen, die den Weg durchs Blätterdach bis auf den üppig grün bewachsenen Waldboden fanden, um dort glänzende Kringel zu hinterlassen, oder bis zum klaren Wasser des Ibachs, der während jahrtausendelanger Arbeit diesen Ort geschaffen hatte.

»So, hier wären wir«, sagte Beat, als sie zum Eingang einer Höhle kamen. In die Unterwelt führte ein Loch von rund anderthalb Metern Durchmesser. Das Schwellbachloch.

»Warum heißt die Höhle eigentlich so?«, fragte Ramona.

»Weil der unterirdische Bach bei Gewitterlage manchmal plötzlich stark anschwillt«, erklärte Beat. »Im Karst kann sich das Wasser unter der Erde sehr rasch fortbewegen, und so können sich hier unten unerwartet große Mengen sammeln, auch wenn der Regen relativ weit weg niedergeht.«

Unangenehm. Ein Ort ohne Tageslicht, wo es nass und eng und glitschig war, wo selbst Frösche skelettiert wurden und wo man quasi jederzeit Gefahr lief, wie eine Ratte zu ertrinken, ohne je wieder die Sonne gesehen zu haben …

Beat musterte die Journalistin: »Kalte Füße?«

»Nein, ist ja warm hier.«

»Ich meine: Schiss? Willst du immer noch rein?«

Ramona brachte ihre warnende innere Stimme entschieden zum Schweigen, straffte den Rücken, setzte ein Lächeln auf und sagte: »Klar.«

»Also dann. Du hast's ja so gewollt«, antwortete Beat und lachte. Irgendwie kam Ramona dieses Lachen plötzlich gekünstelt und unaufrichtig vor, um nicht zu sagen diabolisch. Mit aller Kraft versuchte sie, ihre Gedanken vom Kopfkino zurück in den Vernunftmodus zu pressen. Aber da es nun zu spät war für eine Umkehr, ohne das Gesicht zu verlieren und als Feigling dazustehen, nahm sie entschlossen den Helm und weitere Ausrüstungsstücke entgegen, die Beat ihr aushändigte, und fügte sich in ihr Schicksal.

Im Schwellbachloch war es vor allem eins: zappenduster. Bereits nach 20 Metern Tapsen um die erste Ecke in dem engen Gang, der ins Innere des Juramassivs führte, gab es kein Fitzelchen Tageslicht mehr.

Beat demonstrierte diesen Umstand, indem er Ramona bat, kurz ihre Stirnlampe zu löschen, und dann dasselbe tat. Ramona hielt es genau drei ewiglange Sekunden aus, bevor sie die Lampe wieder anknipste. Erst danach senkte sich ihr Herzschlag allmählich wieder auf ein halbwegs normales Level.

Während sie weitergingen, der Gang immer enger wurde und sie bald kriechen mussten, leitete der Höhlenforscher seine Begleiterin genau an, wie sie sich fortbewegen solle. Er wies auf tiefhängende Felsvorsprünge und glatte Stellen hin und nahm ihr so etwas die Angst. Ja, vielleicht war eine solche Höhle ja durchaus toll – man musste die Faszination nur an sich heranlassen. Ramona bemühte sich, auch das Schöne zu sehen: zerklüftete Höhlenwände in bizarren Formen oder filigrane Tropfsteine, die wie Nadeln von der Decke hingen.

Während Beat weiter ins Dunkel vordrang, erklärte er, wie die Höhlen im Chaltbrunnental vor Millionen von Jahren entstanden waren. Ramona hörte zu. Sich Notizen zu machen, war in dieser Situation nicht möglich – sie musste sich ranhalten, um ihrem Guide folgen zu können, und diese Eile wurde ihr immer unangenehmer.

Ein eigenartiges Geräusch ließ sie aufhorchen und abrupt stehen bleiben. Sie konnte weder lokalisieren, woher es gekommen war, noch was es gewesen war. Ein Rascheln oder eher ein Schleifen, ein Schnaufen, ein Knirschen? Hier hatte sie eigentlich absolute Stille erwartet – mit Ausnahme von fallenden Wassertropfen vielleicht.

»Was war das?«, wollte sie wissen.

»Was meinst du?«, fragte Beat zurück.

»Da war ein komisches Geräusch.«

»Ich habe nichts gehört.«

»Kann es sein, dass sonst noch jemand in der Höhle ist?«, sagte sie. Peter Meier kam ihr in den Sinn. Ramonas Stimme klang so dünn und hohl, dass es ihr selbst darob fast angst und bange wurde. Beat ließ sich mehrere schleppende Sekunden lang Zeit, bis er antwortete: »Das glaub ich nicht. Warum?«

»Nur so«, wiegelte sie ab.

Ihr Guide schwieg. Dass er die Möglichkeit, dass ein anderer Höhlenforscher hier irgendwo drin sein könnte, so kategorisch ausschloss, irritierte sie. Ramona versuchte, in seinem Gesicht zu lesen, doch seine Stirnlampe blendete zu sehr, und seine Mimik verschwamm im Schwarz. Das unheilvolle Gefühl, das in ihrer Brust lauerte, begann immer stärker, auf sich aufmerksam zu machen. Ein kaltes Bibbern schlich langsam über ihren Rücken. Gleichzeitig fragte sie sich, weshalb sie sich überhaupt aus der Ruhe bringen ließ. Vielleicht war das Geräusch wirklich nur Wasser gewesen, beruhigte sie sich. Nur einzelne Wassertropfen. Kein anderer Mensch in böser Absicht. Und auch kein unterirdischer, rasch anschwellender, todbringender Gebirgsbach.

Sie atmete die kalte, feuchte Luft tief ein, riss sich zusammen und ging weiter.

Als sie an eine weitere Verzweigung in dem engen Gang kamen – die wievielte war es wohl –, deutete Beat auf einen noch schmaleren Spalt, der nach rechts abbog. Die Möglichkeit nach links sah deutlich breiter und deshalb für Ramona viel einladender aus, sodass sie, während sie mit aller Kraft ihr Unbehagen zu unterdrücken versuchte, mit betont sorgloser Stimme fragte: »Und warum gehen wir nicht nach links?«

»Der Weg endet nach zehn Metern in einer kleinen Halle, da gibt's nichts Besonderes zu sehen. Wir gehen lieber da lang, da kann ich dir noch einen Schacht zeigen, der steil abfällt. Dort gibt es die längsten Tropfsteine der ganzen Höhle.«

»Aber diese Halle, die möchte ich auch gern sehen, davon hab ich ein Foto gefunden im Internet«, beharrte Ramona. Ein nach zehn Metern in einer Halle endender Gang war allemal besser als ein steiler Abgrund!

Ramona konnte den Unmut in Beats Stimme hören, und um ein Haar hätte sie ihn gefragt, weshalb er überhaupt mit ihr hierhergekommen sei, wenn er keine Lust habe, ihr die Höhle zu zeigen, und es nicht schaffe, ihr die Angst zu nehmen. Was war nur los mit dem? Aber sie schwieg, denn ihr Begleiter willigte ein, dass sie kurz einen Blick in die Halle werfen könne. Da es nur zehn Meter waren, übernahm Ramona eigenmächtig die Führung und tappte ungeduldig los, sich links und rechts an den Höhlenwänden vortastend. In ihren Handschuhen schwitzte sie längst, obwohl die Luft in der Höhle mindestens 15 Grad unter der Außentemperatur lag. Fast sehnsüchtig dachte sie an den Sommer draußen im grünen Tal, während hier drin die totale Finsternis herrschte, ohne jegliche Umwelteinflüsse und Jahreszeiten.

Nach wenigen Schritten wurde der Gang breiter. Ein großer Hohlraum tat sich auf und ließ Ramona staunend stehen bleiben. Der Lichtkegel ihrer Stirnlampe rutschte über Felsen in den verschiedensten Farbnuancen von Dunkelbraun über Hellgrau bis Rostrot. Ein bisschen sah es aus wie ein abstraktes Gemälde, von einem durchgeknallten Künstler hingekleckert.

Ramona machte zwei Schritte zur Seite, um die Halle besser betrachten zu können. Und stieß dabei mit der Schuhspitze an etwas Weiches. Sie leuchtete das Hindernis an. Es war länglich, groß und nass-glänzend. Es dauerte einen Moment, bis sie erkannte, was da auf dem schlammigen Boden vor ihr lag. Ihr Herzschlag setzte vor Entsetzen einen Moment lang aus. Ein menschlicher Körper! Instinktiv bückte sie sich, da sie im ersten Moment an einen Verunfallten dachte, der Hilfe benötigte. Doch das Gesicht, auf welches das Licht ihrer Lampe fiel, war starr. Die Augen standen offen. Es war die Fratze eines toten Mannes. Es war die Fratze von Peter Meier.

Der durchdringende Schrei, der ohne ihr Zutun ihren Mund verlassen hatte, hallte scheinbar unendlich von den

Höhlenwänden wider und machte ihre eigenen Ohren taub. Als sie wieder Worte fand, wollte sie nach Beat rufen, doch da fiel ihr auf, dass dieser sich auf ihren Schrei nicht gemeldet hatte. Ein Führer, der sich nicht um seinen Schützling kümmert, wenn dieser einen Angstschrei ausstößt?

Das nackte Grauen packte Ramona, und sie wusste nicht, was mehr dazu beitrug: der Tote, der hier auf dem Höhlenboden vor ihr lag, oder der Lebendige, der sich irgendwo in der tiefen Schwärze der Höhle befand und nicht reagierte. Der sich vielleicht in diesem Moment in die richtige Position gebracht hatte, um auch sie anzugreifen. Hier in dieser Höhle war sie blind und hilflos, während der Unsichtbare und vielleicht auf sie Lauernde sich hier bestens auskannte. Er schien sich gut versteckt zu haben. Nirgendwo konnte sie auch nur den Schein seiner Lampe sehen. Er schien von der Finsternis verschluckt, und sie stand hier mutterseelenallein.

»Beat?«, fragte sie in die Dunkelheit. Sie versuchte, ihrer Stimme so viel Kraft zu geben wie möglich. Jetzt keine Schwäche zeigen, sonst war sie geliefert.

Irgendwo hinter ein paar Ecken hörte Ramona ein Geräusch. Es klang wie ein Räuspern, vielleicht auch ein heiseres Röcheln. Plötzlich kam Ramona diese schreckliche Geschichte einer schwedischen Journalistin in den Sinn, die im Sommer 2017 eine Reportage über einen U-Boot-Tüftler hatte schreiben wollen und spurlos verschwand. Teile ihres entstellten Körpers hatte man Tage und Wochen, zum Teil erst Monate später aus der Ostsee gezogen.

Nun überfiel sie die Panik mit aller Kraft. Sie wollte nichts wie raus, weg von dieser Leiche und vor allem weg von dem lebendigen Mann, den sie irgendwo lauernd in der Nähe vermutete, nur darauf wartend, auch ihr ein Leid anzutun.

Wie Ramona die Flucht aus der Höhle schaffte, ohne sich ernsthaft zu verletzen und wie sie überhaupt den richtigen Ausweg fand, konnte sie später nicht sagen. Mehrmals stolperte sie und fiel hin, schürfte sich Ellenbogen und Knie auf und stieß sich mit dem Kopf, der zum Glück von einem Helm geschützt war, an kantigen Felsvorsprüngen. Endlich sah sie einen Lichtschimmer und roch den Duft des Waldes. Die Luft wurde merklich wärmer.

Als Ramona am Tageslicht zurück war, brauchten ihre Augen einen Moment, um sich an die Helle zu gewöhnen. Wild tastend suchte sie nach ihrem Handy in der Hosentasche, die sie unter dem Overall, den sie trug, kaum zu fassen bekam.

Endlich schaffte sie es, doch vor lauter Nervosität glitt ihr das Mobiltelefon aus der Hand und fiel in eine tiefe Pfütze am Höhleneingang.

Zum Fluchen blieb Ramona keine Zeit, da sie in diesem Moment Schritte aus der Höhle hörte. Beat folgte ihr! Mit dem Phone in der Hand, dessen Display erloschen war, rannte sie los, den kleinen Pfad hinunter, weg vom Schwellbachloch, bis sie den Wanderweg durchs Chaltbrunnental erreichte. In diesem Moment verwünschte sie ihre eigene Bequemlichkeit, die ihren Vorsatz, sich mehr zu bewegen und fitter zu werden, zum ewigen Vorhaben ohne reale Folgen degradiert hatte. Wenn sie jetzt nicht schnell genug war, würde Beat sie kriegen!

Rettung nahte in Gestalt eines älteren Herrn, der mit seinem Hund unterwegs war. Während der Neufundländer durch den Ibach plantschte und sich sichtlich des Lebens erfreute, lief Ramona dem Spaziergänger geradewegs in die Arme. Es dauerte einen Moment, bis der Mann sich aus ihren atemlosen Satzfetzen die Information herausgefiltert hatte, dass im Schwellbachloch etwas Schreckliches passiert sein musste. Sofort pfiff er seinen Hund zu sich, machte kehrt und wählte, während er beruhigend auf die aufgelöste, von oben bis unten mit Schlamm verschmierte Frau neben sich einredete, die Notrufnummer der Polizei.

»Das Unglück wurde bereits gemeldet, vor kaum einer halben Minute«, sagte er zu Ramona, nachdem er das Telefonat beendet hatte. Als er merkte, dass seine Worte im Moment offenbar kaum bis in ihr Bewusstsein vordringen konnten, führte er sie ruhigen, gleichmäßigen Schrittes etwas weiter zu einem entwurzelten Baum, auf dessen bemoosten Stamm er sich gemeinsam mit ihr hinsetzte. Er bot ihr eine Zigarette an. Erst allmählich ebbte ihr Zittern ab.

Bald darauf war das Chaltbrunnental zur Sperrzone geworden und für Wanderer nicht mehr zugänglich. Dafür tummelten sich umso mehr Polizisten ums Schwellbachloch. Während in der Höhle die Spuren gesichert, bevor man den Toten später mit Hilfe von Seilzügen und einer Tragbahre ans Tageslicht beförderte, nahm ein Polizist die Personalien sowohl von Ramona als auch des Mannes mit Hund auf und stellte ihnen ein paar Fragen.

»Vielleicht beruhigt es Sie zu wissen, dass kurz vor Ihnen bereits jemand den Notruf gewählt hat«, sagte er zu Ramona, nachdem er lange mit ihr geredet hatte. »Am Telefon war ein verstörter Höhlenforscher. Vorhin hat er uns zu Protokoll gegeben, dass er einer Journalistin das Schwellbachloch zeigen wollte. Offenbar hat er deren eigenartiges Verhalten missverstanden, jedenfalls hat er die Flucht vor ihr ergriffen …«

Drei Tage später war klar, dass der in der Höhle gefundene Hobby-Speläologe Peter Meier eines natürlichen Todes gestorben war. Offenbar hatte er während seines Besuchs im Schwellbachloch einen Herzinfarkt erlitten.

Als Ramona diese Nachricht auf dem Polizeihauptposten Laufen erfuhr, wohin sie als Auskunftsperson geladen worden war, fiel ihr ein Stein vom Herzen. Trotzdem saß ihr der Schreck immer noch in den Gliedern. In den ersten Nächten nach ihrem Höhlen-Horrortrip hatte sie kaum schlafen können. Sobald sie die Augen schloss, sah sie das Gesicht des Toten vor sich, erhellt vom kalten Lichtkegel ihrer Stirnlampe, und hörte eigenartige, beängstigende Geräusche. Seit sie aus dem Chaltbrunnental zurück war, ließ sie das Licht in ihrer Wohnung die ganze Nacht über brennen.

Nachdem Ramona sich vom sie befragenden Polizisten verabschiedet hatte und den Polizeiposten eben verlassen wollte, traf sie im Flur auf Beat. Jenen Mann, den sie während quälend langen Minuten in der dunklen Hölle des Schwellbachlochs für einen potenziellen Mörder gehalten hatte. Er schien über das plötzliche Zusammentreffen mit ihr ebenso verunsichert wie sie. Sie wechselten ein paar zerdrückte Worte und verabschiedeten sich, da Beat in den Befragungsraum gerufen wurde.

Erst als Ramona bereits über den großen Parkplatz östlich des mittelalterlichen Städtchens von Laufen gegangen war und am Alten Schlachthaus 92 vorbei Richtung Bahnhof lief, merkte sie, dass etwas fehlte. Ein paar Worte, die es brauchte, um wieder ruhig schlafen zu können.

Sie drehte um und kehrte zum Polizeihauptposten zurück, wo sie auf dem Trottoir wartete, bis Beat das Gebäude verließ.

»Ich wollte dir nochmals sagen, wie leid es mir tut, dass ich dich verdächtigt habe«, sagte sie, als er sie verwundert anschaute und nicht wusste, ob er den Augenkontakt suchen oder ihrem wachen Blick ausweichen sollte. Ein Grinsen huschte über sein Gesicht. »Gleichfalls«, sagte er dann. Und nach zwei weiteren, endlosen Sekunden: »Vielleicht hast du ja noch Fragen für den Artikel, den du schreiben wolltest. Kommst du auf einen Kaffee?«

Als sie vor der idyllischen Kulisse der historischen Altstadt Laufens in einem Straßencafé saßen, ging es mit dem Reden plötzlich ganz gut. Er habe einfach Panik gehabt, gestand Beat, als er begriffen habe, welchen Fund Ramona da gemacht habe. Sein Hirn habe total ausgesetzt, und die Angst habe ihn überwältigt. Als Guide habe er völlig versagt, was ihm sehr peinlich sei.

Sie sprachen lange miteinander und gingen später gemeinsam essen.

»Sehen wir uns wieder?«, fragte Beat, als er seine feingliedrige Hand Stunden später zum Abschied auf Ramonas Schulter legte. Es war ein angenehmes Gefühl.

Sie nickte: »Gern. Aber lass uns in den Ricola-Kräutergarten **93** gehen oder auf den Remelturm **94** oder sonstwo hin. Aber an der frischen Luft und mit Aussicht. Mir ist egal, wohin, ich geh mit dir überallhin. Aber nie mehr in eine Höhle.«

FREIZEITTIPPS:

84 Das Chessiloch liegt idyllisch an der Birs ein Stück flussaufwärts von Grellingen. Berühmt ist es durch seinen Wappenfelsen, der während des Ersten Weltkriegs entstanden ist: Hier verewigten sich Soldaten der Schweizer Armee mit verschiedenen Felszeichnungen und hingemalten Liebesbekundungen zur Heimat, während sie im schattigen Tal an der Birs ausharrten und Wache schoben. Heute liegt gleich neben den über hundertjährigen Felsmalereien ein Picknickplatz mit Bänken und Feuerstelle.

85 Das Chaltbrunnental gehört zu den beliebtesten Wanderzielen im Laufental. Der Aufenthalt in dem engen, schattigen Tal ist vor allem im Hochsommer, wenn die Hitze sich staut, sehr angenehm, da es in dem Tal (wie der Name schon vermuten lässt) nie richtig heiß wird. Der Ibach plätschert in malerischen Wasserfällen und Stromschnellen zwischen den steilen Talflanken talabwärts und lädt zum kühlenden Fußbad ein. Durch das Chaltbrunnental führt aber nicht nur der Bach, sondern auch die Grenze zwischen den Kantonen Baselland (Gemeinde Brislach) und Solothurn (Gemeinde Himmelried).

86 Das Schwellbachloch entspringt nicht dem Sedimentgestein des Juras, sondern – als absolute Ausnahme der hier aufgeführten Freizeittipps – der künstlerischen Freiheit. In der Realität gibt es im Chaltbrunnental und der benachbarten Brislachallmet allerdings

durchaus verschiedene Höhlen, alles aktive Wasserhöhlen. Die längste bekannte Höhle des ganzen Kantons ist mit einem Kilometer Länge das Bättlerloch, das seinen Namen von früheren Bewohnern haben dürfte. Es ist theoretisch begehbar – allerdings vernünftigerweise nur mit entsprechender professioneller Begleitung, denn es drohen plötzliches Hochwasser, Steinschlag und andere unterirdische Lebensgefahren! Der Schällbachponor verbirgt die größten bekannten Hohlräume der Region, windet sich bis 33 Meter in die Tiefe und ist selbst für Profis eine Herausforderung. Die Ibachhöhle hingegen, eine kleine Quellhöhle im Chaltbrunnental, ist gefahrlos begehbar.

87 Die Klus von Aesch ist das älteste und größte Weinanbaugebiet des Kantons Baselland. Neben vielen Rebbergen finden sich in deren Nähe zahlreiche Zeugen der Vergangenheit, so beispielsweise die Burgruinen Frohberg, Schalberg, Engenstein und Münchsberg oder ein Dolmengrab. Ursprünglich bestand dieses aus 17 aufrecht stehenden Steinplatten, wovon man heute noch Reste sieht. In dem rund 4.400 Jahre alten Gemeinschaftsgrab fanden Archäologen Überreste von 33 Erwachsenen und 14 Kindern. Das Dolmengrab liegt im Gemeindewald.

88 In den beiden Tongruben von Liesberg im westlichen Laufental wurde im 20. Jahrhundert Ton abgebaut. Zusammen mit Kalk und Gips wurde daraus Zement gefertigt. Da die Tone rund 160 Millionen Jahre alt sind, findet man in dieser Schicht zahlreiche Fossilien. Sie alle stammen aus der Zeit, als der Jura noch

unter einem flachen, tropischen Meer – dem Jurameer – verborgen lag.

89 Die älteste Schweizerin heißt Una und lebte im Mesolithikum, also vor über 9.000 Jahren in der Birsmatten-Basisgrotte, einer Höhle auf dem Gemeindegebiet von Nenzlingen. Ihr Skelett ist das älteste menschliche Gerippe, das in der Schweiz je gefunden wurde. Zu bestaunen ist Una im Museum Laufental im alten Schulhaus von Laufen. www.museumlaufental.ch

90 Das Chastelbachtal ist so was wie die kleine wilde Schwester des Chaltbrunnentals. Sein Eingang liegt unweit des südwestlichen Dorfendes von Grellingen, es ist kürzer als das Chaltbrunnental und viel weniger bekannt. Dafür steiler, wilder, natürlicher. Während das Chaltbrunnental an Wochenenden manchmal etwas überlaufen ist, bleibt man im Nachbartal normalerweise unter sich. Die Wildheit hat allerdings auch ihren Preis – so muss das Tal wegen Steinschlaggefahr oder sonstigen Naturgefahren, die dem Wanderweg zu Leibe rücken können, immer mal wieder geschlossen werden.

91 Der Karstlehrpfad lässt sich ideal auf einer Wanderung von Zwingen nach Grellingen erleben: Er beginnt in der Brislachallmet, führt durchs Chaltbrunnental und endet beim Chessiloch. In 14 Stationen erklärt er die Zusammenhänge des Karsts (»Kalklandschaft mit unterirdischer Entwässerung«), beschreibt die einzelnen Höhlen, an denen man vorbeikommt, und bringt Themen wie Ur- und Frühgeschichte, Tiere

in den Höhlen, Höhlenforschung oder den Höhlenschutz näher. www.karstlehrpfad.ch

92 Das Kulturzentrum »Alts Schlachthuus« in Laufen befindet sich in wenigen Minuten Gehdistanz vom Laufner Bahnhof. Anhand des Namens unschwer zu denken, entstand es aus dem Schlachthaus. Heute ist auch die Musikschule und das Kulturforum Laufen hier beheimatet. www.kulturzentrumlaufen.ch

93 »Wer hat's erfunden?« Dieser im gesamten deutschsprachigen Raum bestens bekannte Werbespot stammt – was viele nicht wissen – aus dem Kanton Baselland. Genauer gesagt in Laufen wurden um 1940 die weltberühmten Kräuterbonbons erfunden. Deshalb liegt auch einer der sechs Kräutergärten in der Schweiz, die der breiten Bevölkerung die Heilkräuter näher bringen, in Nenzlingen. Hier erfährt man viel Wissenswertes über die 13-Ricolakräuter und viele weitere Heilpflanzen und gesunde Gewächse. Der Schaugarten von Nenzlingen ist von Mai bis September eine sehenswerte Oase mit bester Aussicht übers Laufental und ins Passwanggebiet – und ein spannendes botanisches Schatzkistchen. www.ricola.com

94 Der Remelturm liegt auf einem Hügelzug zwischen den Gemeinden Kleinlützel (Kanton Solothurn) und Wolschwiller (Departement Haut-Rhin, Frankreich). Er misst acht Meter und ist über eine Leiter erreichbar. Errichtet wurde er im Jahr 1901. Bei klarem Wetter reicht die Aussicht von den Glarner Alpen bis zum Jura.

ENTFALTUNG IM FALTENJURA, ODER: DIE WELTHERRSCHAFT

Es war wie das Sich-Loslösen von den Gesetzen der Schwerkraft, das Hinwegfliegen über sämtliche Hindernisse, frei und in schwindelerregendem Tempo. Die Geschwindigkeit nahm innert Sekundenbruchteilen zu, denn so abschüssig wie der Trampelpfad vom Waldrand über die bucklige Jurawiese war, dauerte es nur einen kurzen Augenblick, bis der Biker die optimale Geschwindigkeit erreicht hatte, die den Rausch auslöste.

Doch dann versperrte dieser völlig deplatzierte Viehzaun den Weg und zwang ihn zum Abbremsen und noch schlimmer: zum Absteigen. Immer diese Blockaden! Fluchend hob der Mittvierziger sein Mountainbike über den Stacheldrahtzaun und zwängte sich anschließend durch den Zaundurchgang und dessen Bretterschleuse, die vor Jahrzehnten jemand aus mittlerweile verfaulenden Hölzern zusammengezimmert hatte.

Auf der anderen Seite trat er kurz in die Pedale und fühlte erneut dieses Bad im Adrenalin, als er das Tempo wieder erreicht hatte, diese Mischung aus vollster Konzentration und Geschwindigkeitsrausch. Glücksgefühl: Wind im Gesicht, spritzende Steinchen unter den Reifen, volle Auslastung der Federung, und die bescheuerten Kälber auf der Weide stoben panisch davon.

Als links von ihm eine Kuh muhte, blickte der Mountainbiker kurz zur Seite. Das war ein Fehler, denn so sah er das Hindernis nicht, das ihm das Vorderrad unter dem Velo wegkatapultierte.

In weitem Bogen flog er über die Lenkstange hinweg. Dann lag genau dort, wo der Helm mit seinem Kopf darin am Boden aufschlug, ein großer Stein. Dessen kantige Spitze übernahm in diesem Moment die Funktion einer Axt – und zwar erfolgreich.

Wenig später leuchteten die knallroten Uniformen einer Rega-Crew im satten Grün der Juraweide. Doch der Helikopter war vergeblich von seiner Basis beim Flughafen Basel-Mulhouse gestartet, denn entgegen der Hoffnungen des Wanderers, der unterwegs war zum Chellenchöpfli 95 und den Velofahrer auf dem Weg liegend gefunden hatte, konnte der Notarzt nur noch den Tod des Verunfallten feststellen. Als zwei Polizisten keuchend über den schmalen Wanderpfad die Jurawiese ebenfalls erreichten, war nichts mehr zu machen, außer den Wanderer zu befragen, der vor Schreck zitternd auf einer ausgebreiteten Rettungsfolie saß. Die Kühe, die offenbar auf diese Weide gehörten, standen in sicherer Entfernung und glotzten aus großen Augen auf die Szenerie, während ihre Kiefer malmten.

Einen Tag später wurde der Unfall in einer Randnotiz in der Regionalzeitung vermeldet, in der stand, die Polizei gehe von einem unachtsamen Moment oder aber von einem medizinischen Problem aus, das den tödlichen Unfall ausgelöst habe. Zum Beispiel ein nie erkannter Herzfehler.

Und die nächsten Biker rasten vorüber.

Immer diese Menschen! Hatte man denn nie seine Ruhe? Klara sah von dem satten Gras auf und äugte zu dem Mann hinüber, der soeben sein Bike über den Zaun hievte. Verächtlich schnaubte sie, und im ausgesprühten Nasenwasser malte die Frühherbstsonne für den Bruchteil einer Sekunde einen Regenbogen.

Pha, Biker. Da waren ihr die Wanderer noch lieber, wenn sie still vorübergingen. Meist beschleunigten sie ihren Schritt sogar ein wenig und spähten ehrfurchtsvoll in Richtung der Kuhherde, die die Weide bewohnte. Den dezenten Geruch nach menschlichem Angstschweiß wiederum mochte Klara, und darum stand sie gern einfach da, beobachtete und machte ein bisschen Eindruck.

Na ja, normalerweise lief nicht so viel wie vor zwei Tagen beim tödlichen Unfall mitten auf der Weide. Da hatten sie immerhin für wenige Stunden was zu Gucken gehabt, bevor der geschockte Wanderer und die Uniformierten abgezogen waren und ihnen nur noch die Spuren der Menschen geblieben waren, die die Kühe, als die Luft rein war, ausgiebig beschnüffelt hatten.

Klara war eine stolze Kuh, und sie war stolz auf ihren Namen. Obwohl: Dieser war nicht sonderlich extravagant, das war ihr bewusst, zumindest nicht für eine Kuh. Aber immerhin besaß sie einen, denn dies war heutzutage nicht mehr selbstverständlich, in Zeiten von international genormten Ohrmarken und digitaler Erkennung für den Melkroboter.

Als Leitkuh trug sie Verantwortung für ihre Gruppe, die aus elf Mutterkühen und ebenso vielen Kälbern bestand. Und weil sie für deren aller Wohl zuständig war, machte ihr die Entwicklung Sorgen, dass immer mehr Freizeitsportler hoch in die Baselbieter Juraberge kamen und Landfriedensbruch an ihrer Weide begingen. Vor allem laute Wandergruppen und Hunde mochten die Kühe nicht. Oder Mountainbiker, die waren nämlich die Schlimmsten! Ihr Tempo war so hoch, dass sie die Kühe regelmäßig fast zu Tode erschreckten und so überaus unsanft aus deren meditativem Wiederkäuen mit halb geschlossenen Augen rissen.

»Gegen die sportlichen, die so schön nach Schweiß riechen, habe ich ja nichts, aber jene mit dem elektrischen Hilfsmotor, die sind doch nicht ehrlich!«, echauffierte sich Bella, die Älteste der Herde, mindestens dreimal wöchentlich. Sie hatte schon immer eine Schwäche für Menschenschweiß gehabt, und sie wurde nicht müde, Geschichten von klobigen Wanderschuhen, Knickebockern und roten Socken zu erzählen, die sie von ihrer Urgroßmutter überliefert bekommen hatte.

Die anderen hörten ihr längst nicht mehr zu und kauten weiter.

Mittlerweile waren die Herbstferien der Menschen angebrochen. Die Kühe waren sich einig, dass der Herbst die dümmste aller Jahreszeiten war: Einerseits hörte da das Gras auf, anständig zu wachsen, und so kam Landwirt Tschopp jedes Jahr auf die Idee, die Herde in den Stall zurückzuholen, und andererseits gaben die Outdoor-Activity-Fetischisten nochmals richtig Gas. Mit ihren Autos drangen sie in die hintersten Winkel vor, sie wanderten auf Teufel komm raus über die Waldweid 96 oder den Passwang 97, fuhren mit der Seilbahn hoch auf die Wasserfallen 98 und mit dem Trottinett runter ins Tal oder turnten dort oben an Seilen und auf Bäumen rum wie die Affen 99, als gebe es kein Morgen mehr. Sie benutzten nochmals ausgiebig ihre Mountainbikes oder Nordic-Walking-Stöcke, und einige ließen sich sogar vom Herbstwind, an ihre Gleitschirme angehängt, von der Hohwacht 100 in die Lüfte reißen. Letzteres war für Kühe völlig unverständlich – war es am Boden doch am schönsten!

Es war Herbst, und alles war wie immer. Doch eines kühlen Vormittags, als der Nebel sich gerade hinterhältig vom Mittelland über die Jurahöhen ins Baselbiet zu drücken versuchte und die Hintere Egg 101 ihn erfolgreich aufhielt, lag plötzlich wieder ein Mountainbiker tot im Morgentau auf der Weide. Mitsamt seinem Elektrobike.

Benjamin, der vier Monate alte Sohn von Mutterkuh Irma, entdeckte die Leiche bei einem Morgensprint mit seinem Gspänli als Erster und schrie mit heller Stimme Alarm. Bald schon stand die ganze Herde mit staunenden Augen um den Toten, und die ganz Mutigen beschnupperten ihn.

»Er lebt nicht mehr«, konstatierte Rosemary, die eigentlich Rosmarie hieß, aber darauf bestand, dass ihr ein englischer Name zustehen würde, da ihre Rasse ursprünglich ja aus Schottland stammte.

Auch ohne ihre Aussage war allen klar, dass der Velofahrer verstorben war oder, wie Bella mit einem bösen Grinsen anmerkte, buchstäblich ins Gras gebissen hatte.

»Wie konnte das passieren?«, fragte Rosemary.

»Und vor allem: schon wieder!«, fügte Fiona an, ohne mit Kauen aufzuhören.

Die Kühe waren sich nicht einig, ob allenfalls etwas zu tun war, und wenn ja, was, und sie zogen sich bald wieder von der Leiche zurück, da Tote die Angewohnheit haben, für empfindliche Kuhnüstern relativ bald unangenehm zu riechen.

Dem ersten Wanderer, der flotten Schrittes bald darauf vorüberkam, blieb sein lustiges Liedlein im Hals stecken. Er machte einen Satz rückwärts, was Kalb Benjamin zu einem vergnügten Glucksen verleitete, und nestelte in Panik sein Handy aus dem Rucksack, welches ihm zuerst in einen Kuhfladen fiel, bevor er es schließlich doch noch schaffte, den Polizeinotruf zu wählen.

Alles wiederholte sich: Der Notarzt, der mit dem Rettungshelikopter angeflogen kam – die Crew kannte die Koordinaten bereits –, war ebenso erfolglos wie die Polizisten erschöpft, als sie den Wanderweg hochgekeucht kamen. Alle schienen etwas nervöser als beim ersten Mal.

Noch am selben Nachmittag betrat ein Reporterteam mit Kamera und Mikrofon und mit Landwirt Tschopp im Schlepptau die Weide und stellte den Bauern so in Position, dass im Hintergrund die Kuhherde zu sehen war, während die blonde Journalistin den Landwirt über die schrecklichen Vorkommnisse auf seinem Grund und Boden interviewte.

»Hey, schaut mal, jetzt filmen sie uns!«, freute sich Melinda, »jetzt kommen wir endlich ins Fernsehen und werden Stars!« Dann wackelte sie lasziv mit den Ohren.

Auch Rosemary warf sich in Pose und muhte laut und gedehnt, um auf sich aufmerksam zu machen. Als das Kamerateam mit leicht erschrecktem Gesichtsausdruck zur Herde herüberblickte, stieß sie Melinda kichernd in die Seite.

Nur der lange, skeptische Blick, den der Bauer seinen Kühen zuwarf, als er wieder sein Quad bestieg und nach Hause fuhr, gefiel ihr nicht.

»Jetzt hört aber alles auf! Der guckt uns ja an, als wären wir die Mörderbande!«, regte sich auch Gundula auf. »Was können wir denn dafür, dass die Menschen sich nicht anständig auf ihren zwei Beinen und ihren zwei Rädern halten können?«

»Der braucht gar nicht so zu starren«, gab ihr Melinda recht. »Nur weil wir unsere Fladen mit Vorliebe auf den Wanderweg setzen, um unsere Spuren im Profil von Wanderschuhen und Fahrradreifen zu hinterlassen, sind wir noch lange nicht kriminell. Sowieso kann keiner uns beweisen, dass wir das mit Absicht tun.«

Doch die Anspannung blieb. An diesem Nachmittag wollte sich niemand zum entkrampftem Schlafen auf die Wiese legen und die Augen schließen, und sogar die Kälber verzichteten auf ihre ausgelassenen Spiele. Nur die Kolkraben, die über der Weide dumpf krächzend ihre Luftakrobatik vorführten, ließen sich von der gedrückten Stimmung am Boden nicht anstecken.

Weil es auch gegen Abend nicht besser wurde, trommelte Klara kurz vor Sonnenuntergang die Herde zusammen, um Kriegsrat zu halten. Gerade als sie dazu ausholte, um in den schönsten Worten die Friedfertigkeit des Rindviehs zu loben und die argwöhnische Verschlagenheit der menschlichen Spezies zu geißeln, stieß Irma sie mit ihrer Schnauze sanft in die Rippen.

»Was ist?«, fragte Klara ungeduldig.

Irma sah sie erst lange schweigend aus ihren großen Augen an. Dann holte sie tief Luft und sagte: »Ich war's. Ich hab die beiden Biker getötet.«

»Was, du warst das?« – »Warum?« – »Wieso?« – »Echt?« Die anderen Kühe muhten wild durcheinander. Bella, die Älteste, ließ vor Schreck einen Fladen fallen.

Nachdem Klara für Ruhe gesorgt und Irma zum Reden aufgefordert hatte, erklärte diese, dass es an dem Tag, als der erste Biker starb, genau ein Jahr her gewesen sei, seit ihr damaliges Kalb wegen eines rücksichtslosen Sportlers so stark erschrocken war, dass es über einen Stein gestolpert und sich beide Vorderbeine gebrochen hatte und noch auf der Wiese per Bolzenschussgerät von seinen Schmerzen hatte erlöst werden müssen.

Alle schwiegen betreten. Die Erinnerung an den tragischen Tod des jungen, wunderschönen Kalbs, über dessen Zukunft als vielversprechende Zuchtkuh bereits hinter vorgehaltener Klaue getuschelt worden war, traf alle hart.

Sie habe Rache genommen, gestand Irma. Es sei eine Kurzschlussreaktion gewesen, ein Backflash oder vielleicht auch das Überreagieren des Beschützerinstinkts, der sie dazu gebracht habe, dem Biker in voller Fahrt einen Bodycheck zu verpassen.

»Ich wollte eigentlich nicht, dass er stirbt. Ich wollte nur, dass er etwas rücksichtsvoller über unsere Weide fährt«, sagte sie kleinlaut und stellte sich schützend vor ihren Sohn Benjamin, der sich hinter ihrem großen Hinterteil versteckte.

Alle schwiegen. Und keine fragte mehr nach dem Warum.

»Also ich finde die Idee gut«, sinnierte Fiona, die Draufgängerin der Truppe, viel später, als die Mehrheit sich zum Schlafen niedergelegt hatte und nur noch drei Kühe beieinanderstanden. Fiona, Klara und Rosemary. Über ihnen spannte sich die Milchstraße dezent leuchtend von Horizont zu Horizont.

»Was findest du gut? Mountainbiker morden?«, fragte Klara ungewohnt scharf.

»Wenigstens läuft was«, gab Rosemary zu bedenken.

»Aber sie haben uns nichts getan!«, insistierte die Leitkuh – nicht aus innerer Überzeugung, sondern einfach, um die Verantwortungsvolle zu mimen. Denn gegen das, was Fiona zur Antwort gab, war nichts einzuwenden: »Wir haben den Menschen auch nichts getan«, sagte sie. »Und dennoch nehmen sie uns unsere Kinder weg und verkaufen sie, und wir hören nie mehr etwas von ihnen. Und wir selber landen am Schluss beim Metzger.«

Die mysteriöse Todesserie ging weiter: Drei Wochen später waren auf der Weide in den Baselbieter Jurahügeln bereits drei weitere Mountainbiker und ein Wanderer umgekommen sowie ein Ornithologe, der auf der Vogelberingungsstation Ulmethöchi 102 zu Besuch war und von dem sich niemand erklären konnte, weshalb er, anstatt mit seinen Kollegen auf dem Jurapass Zugvögel zu beobachten, allein in der Gegend rumgestolpert war.

Fünf weitere Tote! Sieben insgesamt! Das war eine Häufung, die niemanden mehr an Zufall glauben ließ und die Neugierigen in Scharen zum Tatort lockte. Die Polizeipräsenz wurde erhöht, was aber nicht verhinderte, dass selbsternannte Leserreporter um die Weide schlichen auf der Suche nach der nächsten Leiche oder dem gesuchten unbekannten Mörder. Die Bergrestaurants auf der Wasserfallen, dem Vogelberg 103 und dem Stierenberg 104 verzeichneten Rekordumsätze und erweiterten spontan ihre Öffnungszeiten. Derweil wurde im Baselbieter Landrat eine dringliche Motion zum Schutz der lokalen Bevölkerung verabschiedet, und es entbrannte eine hitzige Debatte zu den Sparmaßnahmen im Sicherheitsbereich, während der sich die Vertreter der verschiedenen Parteien gegenseitig verbal auf den Deckel gaben.

Die Marketingfachleute von Baselland Tourismus rauften sich die Haare und wussten nicht, ob sie lachen oder weinen sollten. Einerseits sorgten die Katastrophentouristen für volle Hotelzimmer, wo es denn überhaupt noch welche gab, doch andererseits ruinierten die Vorkommnisse den guten Ruf des zuvor friedlichen und relativ ungefährlichen Naherholungsgebiets. Die Boulevardpresse hatte für die landschaftlich idyllisch gelegene Weide von Klaras Herde einen neuen Namen kreiert, den sie schweizweit über alle Kanäle im Minutenstakkato rausschrie: »Killerberg.«

Die Medien berichteten, was es zu berichten gab – und wo die News fehlten, wurden neben Bauer Tschopp, dem plötzlich berühmten Besitzer der betroffenen Kuhherde, auch die Bauern der Umgebung, die Vorstandsmitglieder der »Wanderwege beider Basel« sowie der »Pro Velo« und eine ganze Reihe von zufällig Anwesenden, Nachbarn und Wichtigtuern befragt.

Die Ortsangabe »Basler Jura« in mehreren nationalen Medien und irrtümliche Anfragen beim Krisenstab Basel-Stadt sorgten für eine kurze diplomatische Verstimmung zwischen den beiden Halbkantonen Basel-Stadt und Basel-Landschaft, die sich aufgrund unterschiedlicher Sichtweisen bei der Finanzierung von Spitälern, Kultur und Universität sowieso gerade in einer Partnerschaftskrise befanden. Diese Weide habe überhaupt nichts mit Basel zu tun, betonten Vertreter aus dem Stadtkanton und fügten schnippisch an, dass nicht einmal in ihrer großen Stadt mit über 170.000 Einwohnern innert so kurzer Zeit so viele unerklärliche Todesfälle geschähen. Die Landschäftler ihrerseits legten Wert darauf, dass die Basler überhaupt keinen Jura besäßen, dass der »Killerberg« zum Baselbiet gehöre (und auch nicht etwa zum Kanton Solothurn!), dass auch Tennis-Weltstar Roger Federer übrigens aus dem Kanton Baselland stamme, auch wenn dieser sich fälschlicherweise immer wieder als Basler bezeichne, und dass die Welt sowieso endlich einmal lernen solle, dass es den Kanton Basel seit dem Jahr 1833 nicht mehr gebe!

Die Region kochte. Allerdings flossen die wirklichen Neuigkeiten nur äußerst spärlich, da sich die Polizei (also die Polizei Basel-Landschaft, ihres Zeichens zuständig für das betroffene Gebiet) nicht mehr weiter äußerte. Nach einer allgemein gehaltenen Pressekonferenz, an der die abenteuerlichen Fragen der Medienvertreter weitaus unterhaltsamer waren als die dürftigen Informationen von staatlicher Seite, war Schluss. »Das ist ein Fall für die bfu«, hatte ein sichtlich enervierter Pressesprecher den Reporter eines Privatradios angeblafft, als dieser die These in den Raum gestellt hatte, der oder die Täter seien im Kreise der Bauernschaft oder bei militanten Umweltschützern zu finden.

Die Kuhherde war ebenfalls hin- und hergerissen zwischen einerseits begeisterter Aufregung, dass endlich mal etwas lief und der Strom von potenziellen Opfern sich vervielfacht hatte, und andererseits Verzweiflung, da sie keine ruhige Minute mehr hatte. Vor lauter Betrieb kam sie kaum mehr dazu, in Ruhe wiederzukäuen. Bella sprach bereits von einem wachsenden Geschwür in mindestens einem ihrer vier Mägen.

Einem Polizeibeamten, der zum unauffälligen Beobachten der Tatumgebung abkommandiert worden war, war nicht entgangen, dass sich die Verdauung der Kühe verändert hatte, denn als Bauernsohn kannte er sich mit Rindviechern aus. Doch nach einem Besuch des Kantonstierarzts, einer entsprechenden Analyse im Labor und einer

Krisensitzung im Landwirtschaftlichen Zentrum Ebenrain **105** konnte Entwarnung gegeben werden: Bauer Tschopps Kühe waren gesund.

Einmal wurde die Situation für sie allerdings brenzlig, als eine Tierkommunikatorin in Wanderhose und Allwetterjacke des Weges kam, gerade als sie gemeinsam die Lage besprachen.

Sie posierte sich neben einer windschiefen Föhre in der Nähe der Herde, hielt ihr Handy mit ausgestrecktem Arm von sich weg und filmte ihr bestes Lächeln: »Willkommen, liebe Zuhörerinnen und Zuhörer meiner Live-Schaltung auf Facebook. Ich bin hier auf dem Killerberg bei der bemitleidenswerten Kuhherde, die bisher alle Morde hat mit ansehen müssen – und ich bin überzeugt, dass diese schlauen und sanftmütigen Tiere etwas wissen. Vielleicht haben sie etwas gesehen, das sie der Polizei mitteilen wollen? Darum biete ich mich als ihr Sprachrohr an und werde nun die Ohren spitzen, ob ich ihre Schwingungen empfangen kann.«

»Versteht die uns denn wirklich?«, fragte Benjamin verwundert, während die Kommunikatorin schnell die Adresse ihrer Homepage ins Smartphone sprach und dann erwartungsvoll zur Herde herüberblickte.

»Kann ich nicht beurteilen. Darum: Klappe halten, alle miteinander!«, zischte Klara. Also standen die Kühe schweigend da, glotzten mit großen Augen und bewegten malmend ihre Kiefer.

Nach einer Minute schaltete sich die Kommunikatorin wieder ins Netz, erzählte von wichtigen Informationen, die sie von den hilfsbereiten Tieren erhalten habe, und dass sie diese nun erst mal deuten müsse, bevor sie offline ging und die Weide wieder verließ.

»Ach, hättest du doch die angegriffen!«, knurrte Fiona, doch die anderen widersprachen ihr.

Die wenigen Outdoor-Sportler, die sich in den nächsten Tagen – trotz des wunderbaren Herbstwetters – noch über den »Killerberg« trauten, passierten die Kuhweide alle mit einer von Weitem sicht- und riechbaren Mischung aus Neugierde und Unbehagen, und ihre Erleichterung war ihnen jeweils ins Gesicht geschrieben, wenn sie die Bretterschleuse am anderen Ende der Weide erreicht hatten.

Als sich der Hype etwas gelegt hatte und sowohl die Gaffer als auch die selbsternannten Privatdetektive und Geisterbeschwörer allmählich ausblieben, war es wieder so weit. Eines Morgens, als sich ein Mountainbiker näherte, raunte Klara Irma zu: »Lass es wie einen Unfall aussehen!«

Mehr gesagt werden musste nicht. Irma schritt zur Tat. Schließlich war sie allmählich Profi.

»Sind wir jetzt eine richtige Gang?«, fragte Melinda aufgeregt eines Abends, als sich die Sonne wieder einmal den Jurahöhen näherte und es nicht mehr lange dauern würde, bis die Nacht ihre Finger die Täler heraufstreckte.

»Ja, wir sind jetzt Gangstacows«, antwortete Rosemary und wurde von Bella mit einem »du kannst grad so gut Gaunerveh sagen, das versteht unsereins wenigstens« zurechtgewiesen, worauf sie eine ätzende Grimasse schnitt.

»Fakt ist, dass die Menschen glauben, wir seien nur dumme Kühe«, sprach Klara zu ihrer Herde. »Diesen Umstand können wir für uns nutzen, denn sie unterschätzen uns«, fügte sie hinzu und lächelte auf den Backenzähnen: »Denkt daran: Sie selber nennen die Schweiz das *Land der Kühe*. Ab jetzt nehmen wir das wörtlich. Seid ihr dabei, Schwestern?«

»Ja«, riefen alle.

»Wer ist es, der sich ab jetzt im Faltenjura entfaltet?«

»Wir!«

Wäre jetzt ein Wanderer vorbeigekommen, hätte er in idyllischer ländlicher Abendstimmung eine Herde wild muhender Kühe getroffen, in deren großen dunklen Augen Mut und Tollkühnheit blitzte.

Aber es kam kein Wanderer vorbei. Ein Mountainbiker schon gar nicht. Zum Glück für ihn.

Denn längst hatten, ohne dass es der Polizei oder auch nur Landwirt Tschopp bewusst war, die Killerkühe die Macht über den Killerberg übernommen.

Und wer glaubt, dass Kühe nicht ebenfalls nach der Weltherrschaft trachten könnten, der irrt sich gewaltig.

Kühe sind schließlich auch nur Menschen.

FREIZEITTIPPS:

95 Das Chellechöpfli ist mit 1.156 m ü. M. der zweithöchste Gipfel des Baselbiets und liegt in einem beliebten Wandergebiet im Faltenjura. Es bietet eine phänomenale Aussicht nach Süden in die nähere Umgebung des Naturparks Thal im benachbarten Solothurn und übers ganze Mittelland bis zu den Alpen. Vor allem im Winter ist der Blick übers mittelländische Nebelmeer von hier aus einer der schönsten.

96 Auf der Waldweid ist die einzige SAC-Hütte des Baselbiets zu finden, ebenso ein Restaurant und der sogenannte Kitz-Pfad, ein Erlebnispfad für Groß und Klein rund um Naturthemen. So gibt es eine 70 Meter lange Seilbahn und einen Barfußpfad. Bei guter Sicht bietet sich ein traumhaftes Alpenpanorama von der Waldweid, die oberhalb von Waldenburg zu finden ist.

97 Vom Kamm des Passwangs (1.204 m ü. M.) bietet sich eine wunderbare Aussicht übers Mittelland bis zu den Alpen. Die kurvige Passwangstraße, die westlich des Hügelzugs ihren höchsten Punkt erreicht, verbindet Balsthal mit dem Laufental. Die historische Passwangstraße führte einst weiter gegen Osten nach Reigoldswil. Heute ist sie ein schöner Wanderweg, früher hingegen war sie berüchtigt für die halsbrecherischen Steigungen, die den Fuhrwerken der Reisenden ganz schön zusetzten.

98 Auf die Wasserfallen fährt die einzige Luftseilbahn der Nordwestschweiz, und zwar von Reigoldswil aus. In knallgelben Gondeln schwebt man zur Bergstation. Von dort gibt es verschiedene Möglichkeiten: Man kann wandern, sich im Seilpark vergnügen oder mit einem Miet-Trottinett zurück ins Tal rasen. Im Winter laden die Bergrestaurants zum Fondueplausch, und bei ausreichend Schnee stehen Schneeschuhwanderungen, Langlaufloipen sowie der Schlittelweg zurück zur Talstation hoch im Kurs. www.region-wasserfallen.ch

99 Der Waldseilpark befindet sich unmittelbar bei der Bergstation der Luftseilbahn Wasserfallen. Hier kommt es auf die Geschicklichkeit, den Gleichgewichtssinn und den Mut an. Nach einer Instruktion können Kleine und Große sich in verschiedenen Parcours und unterschiedlichen Schwierigkeitsstufen üben. Der Waldseilpark ist jeweils im Sommerhalbjahr geöffnet. www.region-wasserfallen.ch

100 Von der Hohwacht oberhalb von Lauwil bietet sich ein eindrücklicher Ausblick Richtung Norden übers Baselbiet bis ins Elsass und den Schwarzwald. Der Punkt wird von Gleitschirmpiloten gern als Startpunkt für einen Flug über den Faltenjura genutzt.

101 Mit 1.169 m ü. M. ist die Hintere Egg der höchste Punkt des Kantons Baselland. Außer diesem Rekord ist der bewaldete Gipfel allerdings wenig spektakulär – nicht einmal eine Aussicht gibt es von der Hinteren Egg aus, da Bäume diese versperren. Dafür steht seit dem 175-Jahr-Jubiläum des Kantons ein Stein mit ent-

sprechender Inschrift auf jenem Berg, der dem Himmel am nächsten ist.

102 Seit über einem halben Jahrhundert beringen Freiwillige auf der Ulmethöchi jeweils im Herbst Zugvögel. Während sechs Wochen, von Ende September bis Anfang November, ist die Beobachtungs- und Beringungsstation des Basellandschaftlichen Natur- und Vogelschutzverbands (BNV) in Betrieb, denn über den kleinen Pass im östlichen Outback des Baselbieter Faltenjuras ziehen immer viele Zugvögel. Von Sonnenauf- bis Sonnenuntergang werden die Vögel beobachtet und jene, die sich in den 150 Metern feinmaschiger Fangnetze verfangen, auch vermessen und beringt. www.bnv.ch

103 Das Bergrestaurant Vogelberg in der Nähe des Passwangs auf Gemeindegebiet von Lauwil ist ein gemütliches Bergbeizli. www.bergrestaurant-vogelberg.ch

104 Stierenberg: Gleiche Funktion wie der Vogelberg (siehe 103), allerdings liegt dieses Ausflugsrestaurant auf dem Gebiet von Bretzwil. www.stierenberg.ch

105 Der Ebenrain befindet sich in Sissach. Neben dem Landwirtschaftlichen Zentrum des Kantons und verschiedenen anderen staatlichen Ämtern liegt hier ein spätbarockes Schloss in einer gepflegten Gartenanlage mit Baumallee. Es gehört dem Kanton und wird für verschiedene offizielle Anlässe oder politische Empfänge verwendet. Der Park ist allerdings für die Öffentlichkeit zugänglich.

ÜBER BORD

»Aufs Fondue-Schiff? Hast du sie nicht mehr alle?« Nadja glaubte, sich verhört zu haben. Ausgerechnet aufs Fondue-Schiff der Basler Personenschifffahrt AG 106 wollte Ueli sie einladen! Einen fieseren Ort hätte ihr Noch-Ehemann sich kaum ausdenken können, um sie nochmals zu treffen und einen letzten Versuch anzustrengen, sich ohne Fetzenflug und hohe Anwaltskosten auf die Modalitäten der Trennung zu einigen. Was per se ja ein fast aussichtsloses Unterfangen war. Aber trotzdem. Da wimmelte es in der Region Basel von besuchenswerten Restaurants, und worauf bestand Ueli? Aufs Fondue-Schiff!

»Du weißt genau, dass ich Fondue nicht mag, und sowieso wird mir bei hohem Seegang übel!«

»Hoher Seegang? Wir reden hier vom Rhein, liebste Nadja! Ich gedenke nicht im Geringsten, dich ans Meer einzuladen«, konterte Ueli, »und ich werde sicher nicht so lange mit dir auf einem Schiff bleiben, dass der Kahn von sich aus die Nordsee erreicht.«

»Aber der Käseklumpen im Magen …«, Nadja verschluckte weitere Ausflüchte. Stopp, dachte sie. Jetzt keine Schwachstelle zeigen. Auf die wartete Ueli ja nur.

»Fondue-Schiff, oder ich verweigere die freiwillige Trennung, und dann dauert es sehr lange und wird sehr teuer«, schnarrte dieser, sodass es durchs Handy tönte, als würde Nadja sich mit einem Roboter unterhalten. Im Vergleich zu Ueli klangen sogar die Stimmen von Siri oder Alexa menschlicher.

»Pfff«, antwortete Nadja. Dann halt Fondue-Schiff. Sie willigte ein; eine außergerichtliche Trennung kam billiger und dauerte, wenn beide Seiten mitspielten, einen Bruchteil der Zeit eines Rosenkriegs. Ihr war das Geld, das sie – ja, zur Hauptsache sie nämlich! – in den letzten Jahrzehnten verdient hatte, zu lieb, um jetzt Kindergarten zu spielen, und auch ihre Zeit, ihre Freiheit und ihr intaktes Nervenkostüm. Schließlich hatte Ueli recht gehabt mit dem Sermon von wegen »du bist ja diejenige, die sich scheiden lassen will, also musst du auch ein wenig kooperativ sein«, den sie sich vorher hatte anhören müssen.

Aber trotzdem: Ausgerechnet auf einem Fondue-Schiff, bei romantischem Kerzenlicht und stinkenden Käseschwaden, sollten sie nochmals zusammenkommen und das Wichtigste regeln. Und ohne die Möglichkeit, jederzeit aufstehen und das Restaurant verlassen zu können, wenn Nadja nicht mitten im Winter zur Rheinschwimmerin werden wollte.

Na ja, wenn Ueli es unbedingt wollte. Sie musste zugeben: Für gewisse Vorhaben, die in ihr keimten, war ein Schiff mitten in den eiskalten, schwarzen Wassermassen des nächtlichen Stroms ja wirklich geradezu ideal.

*

Was die wieder für ein Theater aufführte! Das nervtötende Gequietsche hallte Ueli in den Ohren noch nach, als er den Aus-Knopf des Handys längst betätigt hatte. Wie man sich verändern konnte im Laufe des Lebens! So sehr er sich auch anstrengte: Heute schaffte er es beim besten Willen nicht mehr nachzuvollziehen, weshalb er diese Frau einmal geheiratet hatte. Sie hatten sich in der Joggeli-Badi 107 kennengelernt und sich fast sofort ineinander verliebt, tja, damals, da war man jung gewesen, leidenschaftlich und naiv – und hatte sich von den Eltern weichklopfen lassen, dass eine Heirat die einzige Möglichkeit sei, die Schande eines unehelichen Kindes zu vermeiden, bla bla bla. Welche Moralvorstellungen! Ueli ertappte sich dabei, wie er den Kopf schüttelte.

Tja. Das dann doch nicht uneheliche Kind hatte im vergangenen Jahr die Anwaltsprüfung bestanden, und das war auch der Moment gewesen, an dem seine Noch-Ehefrau und er sich das letzte Mal gesehen hatten. Reden taten sie schon seit Ewigkeiten nicht mehr miteinander. Und jetzt musste diese Scheidung anscheinend plötzlich über die Bühne. Nadja wollte wohl diesen jungen Schnösel heiraten können, diesen Stecher vom Mittelmeer, diesen Juan oder Jorge oder wie der Typ hieß. Von der emotionalen Seite her war Ueli dies total egal. Nur dass sein Ruf als angesehener Geschäftsmann, für den das Wort »Misserfolg« schlicht nicht existent war, durch diese Geschichte keinen Schaden nahm, darauf musste er achten. Deshalb lebte er auf dem Papier ja immer noch mit Nadja zusammen, obwohl sie vor über einem Jahr aus dem gemeinsamen Loft auf dem Bruderholz 108 ausgezogen war. Und dass sie nun wohl möglichst viel Geld aus der Ehe rausquetschen wollte – Geld, das zu einem großen Teil er verdient hatte, jawohl, er, nämlich! – das musste er verhindern.

*

Fondue! Nadja hatte das Gefühl, als müsse sie den Brechreiz schon allein bei dem Wort unterdrücken. Doch sie biss die Zähne zusammen. Sie würde ja gar nichts essen müssen – oder fast nichts wenigstens. Hoffentlich. Zwei oder drei Mocken Brot vielleicht, und wenn's nicht zu verhindern war, halt auch etwas geschmolzenen Käse dazu. Oder eine Silberzwiebel. Bis ihr Magen zur Revolte blasen würde, wollte sie ihren Plan bereits ausgeführt haben und ihren wankenden Gatten nach draußen geleiten. Wichtig war einzig, dass sie sich da nicht unmittelbar am Ufer befanden, sodass niemand Genaueres beobachten konnte. Am besten war der Birsfelder Stausee oberhalb des Kraftwerks mit seinen Turbinen 109. Die würden mit ihrer Sogkraft wohl schon ganze Arbeit geleistet haben, bevor Rettung möglich war.

Nadja betrachtete sich im Spiegel, zog die Lippen nach und prüfte ihr Aussehen nochmals. Sie blinzelte, sperrte die Augen auf, bis sie richtig erschrocken aussah, und erklärte ihrem Spiegelbild gehetzt, aber gefasst: »Es geht ihm nicht gut, ich muss dringend an die frische Luft mit ihm. Nein, ist schon okay, das hat er öfters. Lassen Sie mich durch.«

Klang nicht schlecht. Sie sprach die Sätze nochmals vor sich hin. Etwas schneller noch, vielleicht. Ja, besorgt sollte es klingen, aber trotzdem so, dass sowohl die anderen Gäste als auch das Servierpersonal davon ausgehen konnte, sie habe die Situation im Griff.

Doch, es klang gut. Nadja kontrollierte, ob sich das Fläschchen mit den k.o.-Tropfen wirklich in der Handtasche befand, dann nahm sie den Mantel und ging zur Tür.

*

Das Fondue-Schiff, das mit unzähligen Lämpchen dekoriert im Kleinbasler Hafen vertäut lag, füllte sich immer mehr. Es lag nahe des Pylons 110, der seine Spitze am Dreiländereck in den Nachthimmel bohrte. Während Ueli sich von seinem Auto entfernte, schloss er den Wagen per Fernbedienung, was dieser mit einem Aufblinken quittierte. Der Rhein floss als dunkle Masse gemächlich der Nordsee entgegen. Eine Gruppe von Möwen, tagsüber frech und laut, ruhte wie Perlen auf einer Schnur aufgereiht auf einem Geländer.

An der Gangway zum Schiff stand eine junge, hübsche Dame, die Ueli mit einem etwas aufgesetzten, aber dennoch süßen Lächeln begrüßte. Seine Frau saß schon an dem von ihm reservierten Tisch. Ihre Mimik veränderte sich nicht im Geringsten, als er sich zu ihr setzte. Ein knappes »hallo«, sonst sagte sie kein Wort. Das Fondue-Caquelon stand wie ein Bollwerk auf dem Tisch zwischen ihnen. Der Duft nach geschmolzenem Käse, der im Mobiliar zu hängen schien und den Esssaal des Schiffes in Besitz nahm, bevor überhaupt das erste Rechaud entzündet war, erfüllte Ueli mit Genugtuung. Er wusste, dass seine Frau diesen Geruch hasste. Sie hatte stets eine Laktoseintoleranz vorgetäuscht, wenn sie von Freunden oder Bekannten zu Fondue oder Raclette eingeladen worden waren. Nun hatte sie nicht ablehnen können. Da musste sie nun durch. Schließlich war sie es, die sich von ihm scheiden lassen wollte, nicht er. Auch wenn er eigentlich nicht mit dem Zivilstand »geschieden« leben wollte und deshalb den Entschluss gefasst hatte, dass ein »verwitwet« besser in seinen makellosen Lebenslauf passte. Ueli musste seine Mundwinkel mit aller Kraft daran hindern, bei diesem Gedanken wild nach oben zu zucken.

*

Ihr Gespräch verlief harzig. Schließlich hatten sie sich nichts mehr zu sagen. Sogar die Hasstiraden waren schon vor über einem Jahr abgeebbt, und seit Javier in Nadjas Leben gekommen war, fühlte sie ihrer Vergangenheit gegenüber sowieso nur noch Gleichgültigkeit. Höchstens noch ein wenig Ekel. Mit einem leisen Schauer konnte sie ihr Hirn nicht daran hindern, sich an den Hochzeitstag zu erinnern, damals vor Myriaden von Jahren, in der Kirche St. Arbogast zu Muttenz [111]. Damals waren sie überzeugt gewesen, dass ihre Liebe für immer halten würde. Sie hatten ihr pompöses Hochzeitsmahl, das ein tiefes Loch ins Portemonnaie gerissen hatte, im Schloss Bottmingen [112] genossen, mit unzähligen Gästen, ach, damals, als sie noch gedacht hatte, Prinz Ueli würde sie bis ans Ende ihrer Tage auf Händen tragen.

Sie hatte sich getäuscht. Er war nicht mehr als ein Frosch.

Und nun saß sie mit diesem Lurch am Tisch und musste irgendwie die Zeit totschlagen, die sie mit ihm verbringen musste, bis dieses vermaledeite Fondue aufgefahren wurde. Zwar war die gesamte Umgebung warm und stimmungsvoll – Kerzen, Handorgelmusik und das Gemurmel der anderen Gäste, die sich allesamt über die Ausfahrt zu freuen schienen wie die Schneekönige –, doch in Nadjas Innern herrschte Eiszeit. Sie misstraute ihrem Gatten auf der ganzen Linie, und so kam sie sich vor wie ein Tier, das, in die Enge getrieben, jederzeit mit dem Angriff eines Fressfeinds zu rechnen hat. Sie würde sich wehren, wenn er sie anfallen würde – das heißt, sie würde es gar nicht so weit kommen lassen.

Endlich hatte das Schiff auch an der Schifflände in der Innenstadt, wo weitere Gäste zugestiegen waren, abgelegt und stampfte nun am Münster [113], einem von Basels Wahrzeichen, vorbei rheinaufwärts.

Nadjas Hand fuhr prüfend in die Tasche. Die Tropfen waren da, ihr Plan stand fest. Sie brauchte nur noch eine gute Gelegenheit, sie ihrem Gatten in den Weißwein zu tröpfeln. Und ihr Magen würde es ihr danken, wenn ihr dies gelänge, bevor sie zu viel von dieser scheußlichen Käsemasse hatte essen müssen.

*

Noch bevor das Essen begann, entschuldigte Ueli sich kurz und verließ den Saal, um auf die Toilette zu gehen. Nur so konnte er diesem schleppenden, fast schon peinlichen Gespräch für einen kurzen Moment entfliehen, das er mit Nadja zu führen genötigt war. Über Small Talk waren sie beide noch nicht hinausgekommen, obwohl das Schiff mittlerweile bereits am Birschöpfli 114 vorbeigeglitten war. Vielleicht kamen sie nicht voran, weil sie beide spürten, dass die Verhandlungen über die Trennungsmodalitäten durchaus hitziger würden werden können. Ueli hoffte, dass es so weit gar nicht mehr kommen musste. Denn zweitens wollte er mit seinem WC-Gang Nadja dazu animieren, es ihm gleichzutun, damit er ein paar ungestörte Momente allein mit ihrem Weinglas am Tisch hätte.

Nadjas Blase aber schien nichts davon zu halten, zur Toilette gehen zu müssen. Als sie in der Schleuse, die zum Kraftwerk Birsfelden gehörte, auf die Weiterfahrt eine Etage höher warteten, saß sie immer noch unverändert auf dem Stuhl. Backbords begann nun Deutschland. Der Hornfelsen 115, der eine schöne Aussicht über Basel und über den Birsfelder Industriehafen und den Hardwald 116 bot, erhob sich dunkel in den Nachthimmel.

Ueli musste zu Plan B greifen. Kontrollierend tastete

seine Hand sich durch die Anzugtasche, bis er das Fläschchen fühlen konnte. Gut. Es war noch da. Dann ließ er seine Serviette mit den gestärkten Kanten vom Tisch gleiten und schob sie, bevor er sich bückte, mit dem Fuß rasch ein wenig zu Nadja hinüber.

»Könntest du bitte die Serviette aufheben? Sie liegt bei dir drüben«, sagte er, nach dem gespielten Suchen, als er sich ächzend wieder aufrichtete.

»Wieso?«, fragte sie bissig.

»Weil du besser an sie rankommst, sie liegt quasi neben deinem rechten Fuß. Ich hab's im Rücken, das weißt du doch.«

»Eigentlich habe ich mir geschworen, dich kein einziges Mal in meinem Leben mehr zu bedienen«, sagte sie schnippisch. »Aber dann mache ich halt meine letzte Ausnahme«, fügte sie hinzu. Sie lächelte nicht dabei, aber sie beugte sich unter den Tisch, und diese vier Sekunden reichten für Ueli, die Tropfen in Nadjas Wein zu gießen.

Dann brachte eine freundlich lächelnde junge Frau den Käse im Caquelon. Sie tranken Wein, ohne anzustoßen. Als Ueli endlich registrieren konnte, wie Nadjas Augen sich verdrehten und sie auf dem Stuhl zu wanken begann, wollte er aufspringen, den Umstehenden die im Kopf gut geübte Nummer mit den Kreislaufproblemen seiner Gattin zurufen und Nadja später, wenn sie gänzlich willenlos war, über Bord gehen lassen. »Beim Erbrechen über die Reling gefallen«, würde es später heißen. Welch peinlicher Tod.

Doch Ueli kam nicht weiter mit seinen Überlegungen. Als er aufstehen wollte, merkte er, dass er keine Kraft mehr in den Beinen hatte. Der Raum um ihn drehte sich, als würde das Fondue-Schiff kentern, und das Aufschlagen des Hinterkopfs auf dem harten Fußboden spürte er schon fast nicht mehr.

*

Als Nadja erwachte, brauchte sie einen Moment, um zu begreifen, dass sie sich offenbar in einem Spitalbett befand. Alles um sie herum war weiß, und an sie angehängt piepten mehrere Apparate vor sich hin. Wie war sie dem Fondue entkommen? Was war geschehen? Zufällig war gerade eine Pflegerin anwesend, die sich am Bett rechts neben ihr zu schaffen machte. Als sie merkte, dass Nadja wieder bei sich war, trat sie zu ihr und nahm ihre Hand.

»Sie hatten einen Zusammenbruch, gestern Abend, auf dem Fondue-Schiff auf dem Rhein«, erklärte sie ihr.

Nadja verstand die Welt nicht mehr. Der Filmriss setzte dort ein, als sie im Hafen Kleinhüningen das Schiff betreten und sich an den Tisch gesetzt hatte, um ein letztes Mal auf Ueli zu warten. Hatte sie ihn nun umgebracht oder nicht? War er überhaupt gekommen?

»Wissen Sie etwas über meinen Mann?«, fragte sie mit schwacher Stimme.

Die Pflegerin drückte ihre Hand etwas fester und deutete dann zum Nachbarbett: »Keine Sorge. Ihr Mann ist hier. Selbstverständlich haben wir Sie gemeinsam ins Zimmer gelegt. Wahrscheinlich war das Fondue verdorben, Sie haben beide das Bewusstsein verloren und sich übergeben. Wir werden das untersuchen, ob da ein lebensmitteltechnisch relevantes Problem vorlag.«

Nadja lief es heiß und kalt den Rücken hinunter. Sie wollte die Pflegerin bitten, sie jetzt nicht allein zu lassen, doch die Frau war schneller aus dem Zimmer gerauscht, als dass Nadja das erste Wort hatte formulieren können.

Erst nach ein paar Sekunden wagte sie einen Blick nach rechts zum zweiten Bett, das im Zimmer stand. Von dort aus starrte Ueli ihr entgegen. Seine Augen blitzten.

»Unsere Gedanken scheinen doch ähnlicher zu sein, als wir dachten«, sagte er, und seine Stimme klang eiskalt.

106 Schifffahren auf dem Rhein macht Spaß, weil Schifffahren immer Spaß macht. In der Region Basel verkehren im Sommerhalbjahr Kursschiffe der Basler Personenschifffahrt zwischen dem Dreiländereck und Rheinfelden, im Winter finden Sonderfahrten statt. Eine weitere Möglichkeit, über den Fluss zu kommen, sind die berühmten Basler Fähren, die an einem Stahlseil befestigt an verschiedenen Stellen in der Stadt zwischen den Ufern hin und her schippern. www.bpg.ch

107 Die Joggeli-Badi, offiziell Gartenbad St. Jakob, gehört zum Komplex der Sportanlage St. Jakob, die teilweise auf Münchensteiner Boden liegt. Dazu gehört neben dem im Sommer überaus beliebten Bad auch eine Eishockey-Arena, die grosse St. Jakobs-Halle und das Fussballstadion St. Jakob-Park – grösstes Fussballstadion der Schweiz und als legendäres »Joggeli« Heimstätte des FC Basel.

108 Das Bruderholz ist eines der reicheren – oder wie man in den entsprechenden Kreisen sagt: »mehrbesseren« – Quartiere Basels. Auf dem gleichnamigen Hügelzug, der das Birstal vom Leimental trennt, verschmilzt die Stadt mit den Agglomerationsgemeinden Binningen und Bottmingen. Von der Aussichtsplattform des über 90-jährigen Wasserturms aus bietet sich eine wunderbare Panoramasicht übers Dreiland.

109 Das Kraftwerk Birsfelden ist das größte Niederdruck-Lauftkraftwerk der Schweiz. Das Stauwehr überwinden Kurs- und Güterschiffe durch die benachbarten Schleusen, die den Schiffsverkehr zwischen dem Birsfelder Hafen (dem höchstgelegenen Industriehafen im Rhein mit Meeranschluss) und der Nordsee sicherstellen.

110 Ein 18,7 Meter hoher Pylon aus Eisen symbolisiert am Basler Hafen Kleinhüningen das Dreiländereck Deutschland-Frankreich-Schweiz. Streng genommen steht die Skulptur am falschen Ort, aber da der Punkt, wo die drei Länder effektiv zusammenstossen, mitten im Fluss liegt, wäre sie am korrekten Platz wahrscheinlich eine zu grosse Gefahr für die Schifffahrt geworden … Es gibt zwar nichts Sensationelles am Dreiländereck zu sehen, aber wer sich einen Hauch von grosser, weiter Welt um die Nase wehen lassen will, tut dies am besten am tiefsten Punkt des Kantons Basel-Stadt, wo es eine spannende Mischung aus maritimer Romantik, moderner Verkehrsdrehscheibe und ehemaligen Hafenflächen, die mittlerweile anderen Zwecken dienen, zu beschnuppern gibt.

111 Die Muttenzer Kirche St. Arbogast ist die einzige Wehrkirche der Schweiz. Eine hohe Schutzmauer mit Zinnen umgibt die romanische Kirche, die ursprünglich aus dem 12. Jahrhundert stammt. Eine Grenzsteinsammlung innerhalb der Wehrmauer und ein Beinhaus aus dem frühen 16. Jahrhundert mit sehenswerten Fresken runden das eindrückliche Ensemble ab.

112 Das Schloss Bottmingen ähnelt ein bisschen einem Märchenschloss. Als letztes bis heute erhalten gebliebenes Wasserschloss des Leimentals steht es mitten in einem künstlichen Weiher. Seine Wurzeln reichen bis ins 14. Jahrhundert zurück. Heute ist im Schloss ein Restaurant zu finden, das Haute Cuisine anbietet und mit 15 Gault-Millau-Punkten ausgezeichnet wurde.

113 Das Basler Münster ist das Wahrzeichen der Stadt am Rheinknie schlechthin. Die im gotischen und romanischen Stil gebaute Kirche aus rotem Sandstein und bunten Dachziegeln entstand zwischen 1010 und 1500. Von der Aussichtsplattform hinter dem Münster, der sogenannten Pfalz, bietet sich ein schöner Blick über den Rhein und Kleinbasel bis zum Schwarzwald und den Vogesen. Die beiden 64,2 und 62,7 Meter hohen Türme sind nach dem Heiligen Georg und dem Heiligen Martin benannt.

114 Das Birschöpfli liegt an der Mündung der Birs in den Rhein (wo sich auch der tiefste Punkt des Kantons Baselland befindet) und ist im Sommer eine Mischung aus natürlichem Strand und Partymeile – jedenfalls ein beliebter Ort, wo man im Fluss baden und auf den Wiesen des Parks chillen und grillen kann.

115 Den Grenzacher Hornfelsen erreicht man zu Fuß, und zwar am besten vom Basler Friedhof Hörnli aus (übrigens mit der wohl dichtesten Rehpopulation der Stadt Basel). Der Felsvorsprung, der auf deutschem Boden auf der Nordseite des Rheins gegenüber des

Birsfelder Hafens liegt, bietet eine Aussicht auf die Agglomeration Basel aus ungewohnter Perspektive – aber eine unbedingt sehenswerte.

116 Der Hardwald bei Birsfelden ist ein rege genutztes Naherholungsgebiet. Von der Stadt aus erreicht man ihn direkt mit dem Tram (Nr. 3 ab Basel Aeschenplatz). Der Wald wird von Joggern, Picknickern, Spaziergängern und Hundehaltern gern besucht.

KEINE WAHL

»Sie haben keine Wahl.«

Hug lächelte auf den Stockzähnen. In seinen italienischen Lederschuhen stand er zwischen dem rechteckig aufgeschichteten Miststock und der alten grünen Linde auf dem staubigen Hofplatz. Allein seine überhebliche Haltung brachte Zimmermann zur Weißglut.

»Das glaubt auch nur ihr«, presste er zwischen den Lippen hervor. Mit aller Kraft riss er sich zusammen. Irgendein dahergelaufener Studierter, den die Dorfbewohner zu allem Überdruss zu ihrem Gemeindepräsidenten gewählt hatten, wollte ihm sagen, was er zu tun habe! Was glaubte dieser junge Sesselfurzer, wer er sei?

»Sie haben keine Wahl«, wiederholte Hug. »Seien Sie vernünftig, verkaufen Sie«, fügte er nach einer Kunstpause hinzu und hielt dem Bauern einen Vertrag unter die Nase, den er zuvor aus seiner Aktenmappe gezogen hatte.

Wütend schlug Zimmermann den Papierfetzen von sich weg. »Nein. Nie im Leben. Schon gar nicht, damit ihr meine Bäume fällt, aus meinen Feldern Bauland macht und unsere Landschaft mit euren Einfamilienhäuschen noch mehr verschandelt!« Wäre sein Hofhund nicht zu alt und zahnlos und sowieso zu menschenfreundlich gewesen, hätte Zimmermann den Berner Senn auf den Eindringling gehetzt.

»Die Zukunft bleibt nicht stehen«, redete der Gemeindepräsident unbeirrt weiter. Seine Stimme war so süß, dass sie jedem Diabetiker hätte gefährlich werden können. Eine ausladende Armbewegung umfasste sowohl die nähere

Umgebung als auch den Horizont, wo die Hügelzüge zwischen dem Stürmenchopf 117 und dem Sonnenberg 118 das warme Licht des Abends brachen. »Der Quartierplan ist so gut wie fertig, mein Lieber, und die Kaufinteressenten der neuen Minergie-Häuser warten schon.«

»Hier werden überhaupt keine neuen Energiehäuser entstehen«, knurrte Zimmermann, »niemals! Denn hier steht schon mein Obstgarten mit meinen Bäumen, von deren Früchten ich schon Schnaps gebrannt habe, da waren wohl deine Eltern noch nicht mal in der Primarschule.«

Das Lächeln, das Hugs akkurat geschnittenen Bart ein wenig verzog, war mitleidig. Er verwendete Worte wie »hinterwäldlerisch«, »längst von der Zeit überholt« und ein paar andere Begriffe, die nichts zur Annäherung ihrer konträren Sichtweisen beitrugen. Die Fronten blieben unverändert, nur die Lautstärke der Diskussion schwoll an.

»Sie haben keine Wahl«, schloss Hug, dessen zuckersüßer Singsang in der Zwischenzeit aus der Stimme verschwunden war, und zog sich seine Krawatte zurecht: »Ich habe es mit einem anständigen Angebot versucht, aber Sie Starrkopf wollen wohl lieber hier abserbeln als einzulenken. Kleine Bauernbetriebe haben doch längst keine Zukunft mehr, und auch Ihre mickrige AHV reicht nicht zum Überleben, das wissen Sie doch selber gut genug. Sicher verfolgen Sie die Debatten um die Agrarpolitik auch, oder? Jedenfalls: Wir warten nicht mehr lange.«

»Ich bleibe hier«, entgegnete Zimmermann, ballte die Faust und ging einen drohenden Schritt auf Hug zu, was dieser mit einem mitleidigen Lächeln quittierte.

»Wie Sie wollen. Das Bauinspektorat in Liestal wird sich für meine Hinweise bedanken, was auf Ihrem Hof alles nicht konform ist«, schloss Hug. Er wandte sich zum

Gehen: »Drohen kann ich selber, mein lieber Herr Zimmermann. Bedenken Sie: Das Geld ist immer am längeren Hebel.«

»Pha.«

»Und dieses offene Güllenloch da entspricht auch nicht den Sicherheitsbestimmungen unseres Jahrtausends«, schob Hug nach, als er an der Jauchegrube vorbei in Richtung seines Autos ging: »Die Zeiten Gotthelfs sind lange vorbei.«

Dass Zimmermann trotz seiner Altersbeschwerden noch zu einer so schnellen Bewegung fähig war, erstaunte ihn im Nachhinein selber. Doch plötzlich kam aus der Jauchegrube ein hässliches Platschen, und der Gemeindepräsident war weg.

Der Landwirt wartete. Ganz lange. Dann wandte er seinen Blick vom Hofplatz weg auf die Felder, die ihn vom Dorf trennten, und darüber hinaus bis zur Chrischona [119], deren Fernsehturm in der Ferne in den Himmel stach. Die Sonne senkte sich langsam zu den bewaldeten Jurahügeln, bereits warf die Schauenburgerfluh [120] einen langen Schatten, der sich allmählich aus dem Tal die Hänge hinauffraß. Weit über dem Hof zog ein Rotmilan seine Runden.

»Siehst du, ich hatte eine Wahl«, sagte Zimmermann nach einer Weile, und es war nicht ganz klar, ob er es zu seinem alten Hund oder zu sich selber sagte. Oder zum Güllenloch.

Dort aber blieb es still.

Dann schlurfte er in den Stall zu seinen wenigen Kühen.

117 Der markante Stürmenchopf liegt auf dem Gemeindegebiet von Wahlen, ist eines der Wahrzeichen des Laufentals und für die Menschen der Gegend seit Jahrhunderten von Bedeutung. Auf der Spitze des runden, bewaldeten Hügels, der eine Höhe von 768 m ü. M. erreicht, stand einst ein römisches Kastell. Von hier oben ist die Aussicht übrigens phänomenal.

118 Über den Sonnenberg zieht sich die Grenze zwischen Maisprach BL und Möhlin AG. Auf 632 m ü. M. liegt der Sonnenbergturm, der sich auf 99 hölzernen Treppenstufen erklimmen lässt und der eine eindrückliche Aussicht bietet sowohl ins Baselbiet als auch in den Aargau und den Südschwarzwald. Wenn am Turmdach die Schweizerfahne weht, ist die benachbarte Bergwirtschaft geöffnet (was meistens sonntags der Fall ist). www.naturfreunde-moehlin.ch

119 Der Fernsehturm auf der Chrischona steht in Höhe und Weitsicht außer Konkurrenz: Mit 250 Metern ist er das größte freistehende Gebäude der ganzen Schweiz. Betrieben wird er von der Swisscom. Er steht auf dem Berg St. Chrischona in Bettingen (Kanton Basel-Stadt) in unmittelbarer Nähe zur deutschen Grenze und ist für die Öffentlichkeit nur für Gruppen auf Voranmeldung zugänglich.

120 Die Schauenburgerfluh gehört zur Gemeinde Frenkendorf. Wie andere markante Landmarken galt sie

früher nicht nur als geeigneter Aussichtspunkt, sondern auch als Heiligtum. Zu gallo-römischer Zeit befand sich auf der Fluh ein Tempel, von dem allerdings nur noch ein paar Grundmauern übrig geblieben sind. Ein Teil davon ist vor langer Zeit gemeinsam mit der vordersten Kante der Fluh abgestürzt. Von oben sichtbar liegen zwei verschiedene Burgruinen in der Nähe der Fluh, und etwas weiter weg befindet sich das zu Liestal gehörende Seminarhotel und Gourmet-Restaurant Bad Schauenburg.

WAS ICH NOCH SAGEN WOLLTE (EIN NACHWORT)

Schön, dass Sie dieses Buch in Händen halten und dass Sie sich den literarisch-kriminellen Streifzug gegönnt haben, »vo Schönebuech [121] bis Ammel [122], vom Bölche [123] bis zum Rhy [124]«, wie das Baselbieterlied den Kanton umreißt und in dem es in einer moderneren Variante seit dem Anschluss des Laufentals im Jahr 1994 eigentlich heißt: »Vo Roggeburg [125] bis Ammel …« Bewusst finden Sie unter den 125 Freizeittipps auch welche aus den Nachbarkantonen und den Nachbarländern des Baselbiets, denn unser Kanton ist erstens keine einsame Insel im weiten Meer, und zweitens, Sie wissen: Verbrechen kennt keine Grenzen …

Allerdings ist zu betonen, dass Baselland grundsätzlich ein recht friedlicher Kanton ist. Nicht von ungefähr geht das Lied nämlich weiter mit den Worten »lytt frei und schön das Ländli, wo mir deheime sy. Das Ländli sich so fründli, wenn alles grüent und blüeyt …« Das ist natürlich nicht absolut immer so. Logisch. Aber überdurchschnittlich kriminell geht's da in Tat und Wahrheit auch nicht zu. Spätestens jetzt, am Ende der Lektüre meiner elf Kurzkrimis, wird Ihnen auch aufgefallen sein, dass die von Kugeln durchsiebten Opfer, die gefühlskalten Profikiller und Serienmörder, die mutwillig abgetrennten Gliedmaßen und die von hektoliterweise Blut durchtränkten Teppiche in diesem Buch fehlen. Bei Weitem nicht in jedem der elf

Kurzkrimis gibt es überhaupt Tote. Einerseits demonstriere ich gern, dass eine Geschichte auch mit einem Plot ohne Mord & Totschlag spannend und unterhaltsam sein kann, und andererseits entspricht die Anzahl der Toten (mit Ausnahme des Kuh-Krimis ...) eher der Realität: Die Verbrechensstatistik, die die Polizei Basel-Landschaft regelmäßig veröffentlicht, zeigt im langjährigen Vergleich auf, dass es im Kanton zu zwischen null und ein paar ganz wenigen Tötungsdelikten jährlich kommt. Siehe auch Baselbieterlied. Seien wir froh darüber.

Ich danke meinen Leserinnen und Lesern, treuen und neuen Fans fürs Interesse an diesem Buch – und allen, die mir geholfen haben, dass es überhaupt entstehen konnte:

Allen Auskunftspersonen und Experten, die mir bei meinen Recherchen mit verschiedensten Informationen behilflich waren, vom Speläologen bis zum Kriminalpolizisten.

Meiner Schwester Verena Saladin und meiner Autorenfreundin Anne Grießer für ihr kritisches Auge beim Gegenlesen – und Anne auch fürs gemeinsame Plotten, das eine wahre Freude war.

Der Jubiläumsstiftung der Basellandschaftlichen Kantonalbank für den Kantonalbankpreis, den ich im Jahr 2017 in der Sparte Kultur entgegennehmen durfte und der sich ganz allgemein wie Doping auf meine Arbeit ausgewirkt hat.

Dem Gmeiner Verlag für die gute Zusammenarbeit.

Dem Baselbiet, dass es existiert – und dass es sich da, wie gesagt, ziemlich friedlich leben lässt.

Und meinem Lebenspartner Bruno Gardelli. Für alles.

Übrigens: Experten der Lokalgeografie ist sicher aufgefallen, dass im letzten Krimi »Keine Wahl« etwas nicht aufgehen kann: Ein Bauernhof, von dem aus man quasi das ganze Baselbiet – und mehr – überblicken kann? Wo man sowohl den Stümenchopf im Laufental als auch die Chrischona bei Bettingen, den Sonnenberg am Nordrand des Bezirks Sissach und die Schauenburgerfluh an der Grenze zum Schwarzbubenland sieht, kann das sein?

Nein. Gratulation: Ihr Argwohn ist total berechtigt. Denn den Ort, wo Bauer Zimmermanns Hof liegt, gibt es nicht. Das hat einen ganz einfachen Grund: Bauer Zimmermanns Hof ist überall.

Barbara Saladin

PS: Im Baselbiet gibt es übrigens noch viele weitere interessante Ausflugsziele und Aktivitäten verschiedenster Art, die ebenfalls sehr empfehlenswert sind. Weiterführende Vorschläge finden Sie auf der Webseite von Baselland Tourismus www.baselland-tourismus.ch sowie in meinem Buch »111 Orte in Baselland, die man gesehen haben muss«, erschienen 2017 im Emons-Verlag.

121 Schönenbuch führt ein etwas abgeschiedenes Dasein hinter der Vorortgemeinde Allschwil, dem größten Dorf des Kantons, und der Grenze zum Elsass. Schönenbuch wiederum ist das kleinste Dorf des Bezirks Arlesheim, des mit Abstand am dichtesten besiedelten Teils des Baselbiets an der Grenze zur Stadt Basel.

122 Anwil – auf Baselbieterdeutsch Ammel – bildet den östlichen Abschluss des Kantons. Es liegt auf der Ebene des Tafeljuras und ist ein idealer Ausgangspunkt für Wanderungen. Im Ortskern sind viele gut erhaltene, typische Baselbieter Bauernhäuser zu bestaunen.

123 Die Belchenfluh – auf Baselbieterdeutsch »der Bölche« – ist einer der besten Aussichtsberge des Baselbiets. Der Gipfel liegt auf 1.099 m ü. M. und bietet eine phänomenale Sicht übers ganze Baselbiet zu den Vogesen und zum Schwarzwald sowie übers Schweizer Mittelland zur Alpenkette. Sogar der Montblanc, der höchste Berg der gesamten Alpen, ist von hier aus zu sehen. Die Belchenfluh bildet gemeinsam mit dem Badischen Belchen einerseits und den Elsässer Bergen Grand Ballon, Petit Ballon und Ballon d'Alsace andererseits das sogenannte Belchendreieck, ein rechtwinkliges Dreieck quer über die Landkarte des Dreilands, von dem gesagt wird, dass es bereits die Kelten zur Zeitmessung nutzten.

124 Der Rhein bildet den nördlichen Abschluss des Kantons Baselland. In der vorliegenden Reihe der »kriminellen Freizeitführer« erschien im Jahr 2016 das Buch »Wer mordet schon am Rhein?« als Gemeinschaftswerk der drei Krimiautorinnen Anne Grießer, Nadine Buranaseda und Barbara Saladin.

125 Roggenburg liegt am »West End« des Baselbiets und somit am westlichsten Zipfel des Laufentals, des jüngsten Bezirks des Kantons. Das kleine Dorf ist vor allem für seine Motocrossrennen bekannt. Am allerwestlichsten Zipfel überhaupt trifft das Lützeltal übrigens auf den Röstigraben, die Sprachgrenze zur französischsprachigen Schweiz und Frankreich, und an der Schwelle zum Kanton Jura liegt idyllisch das Restaurant Neumühle mit konsequent biologischer Küche.

GLOSSAR:

(Ein paar kleine Hilfestellungen zum eventuell besseren Verständnis der Krimis für Menschen von ausserhalb der Schweiz)

AHV: obligatorische Rentenversicherung in der Schweiz (Abkürzung für »Alters- und Hinterlassenenversicherung«)

Änisbrötli: Süssgebäck (Keks/Biscuit/Plätzchen, oder auf Baselbieterdeutsch: Gutzi) mit Anis und Kirsch.

Bänkli: Verkleinerungsform von Sitzbank. In der Schweiz sagt man, wenn man eine Sitzbank meint, immer Bänkli und nie Bank, auch wenn die Sitzgelegenheit riesengross ist. Das Wort Bank ist dem Geldinstitut vorbehalten, welches wiederum niemals ein Bänkli ist, sei es auch noch so klein.

Banntag: Alte Tradition im Baselbiet und angrenzenden Regionen der Nordwestschweiz, bei der es früher darum ging, gemeinsam den Gemeindebann abzuschreiten und zu kontrollieren, ob alle Grenzsteine noch am richtigen Ort stehen. Heute in den meisten Dörfern eine lockere Wanderung – meist an Auffahrt (Christi Himmelfahrt) – für die ganze Familie mit Wurst und Brot am Ende. Ausnahmen bilden Sissach und Liestal, wo der Banntag an einem anderen Tag stattfindet und nach wie vor nur Männer willkommen sind. An manchen Orten wird am Banntag mit historischen Vorderladern geschossen.

Begegnungszone: Verkehrsberuhigte Zone in Dorfzentren, wo die Fussgänger immer Vortritt haben und die Autos so langsam fahren müssen, dass ein Überqueren der Fahrbahn kein lebensgefährliches Unterfangen sein sollte.

Beiz (Beizli): Restaurant/Kneipe

bfu: Schweizerische Beratungsstelle für Unfallverhütung

Bluescht: Kirschblüte

Caquelon: Fonduepfanne

Crêpes: sehr dünne Pfannkuchen

Glacé: Speiseeis

Gspänli: Spielkamerad

Hündeler: Hundehalter (abschätzig)

Landjäger: Wurstware (auch veraltete Bezeichnung für Polizist)

Landrat: Kantonsparlament des Baselbiets

»Meter über Meer« (»m ü. M.«): bedeutet »Meter Höhe« oder auch »über Normalnull«, also einfach die geographische Höhe eines Punkts (in der Schweiz gebräuchliche Bezeichnung, und zwar, obwohl es hier nirgendwo ein Meer gibt, das man zum Messen hätte beiziehen können)

Mödeli: unangenehme Angewohnheit (kann auch ein Stück Butter oder eine Prägform für ein Änisbrötli sein, ist es in diesem Zusammenhang aber nicht)

Mocken: Stück, Klumpen

Motion: Politisches Instrument eines Mitglieds des Parlaments oder einer Fraktion

Postauto: Linienbus von gelber Farbe, von einer Tochterfirma der Schweizerischen Post betrieben und deshalb in der ganzen Schweiz anzutreffen

Rega: Schweizerische Rettungsflugwacht

Robidog-Säckli: Hundekotbeutel

SAC-Hütte: Hütte des Schweizerischen Alpen-Clubs, die es nicht nur in den Alpen, sondern auch im Jura gibt.

Saucheib: Schimpfwort (zusammengesetzt aus Wörtern, die übersetzt »Schwein« und »Kadaver« bedeuten)

Schnuuregyyge: Mundharmonika (wörtlich übersetzt ungefähr »Schnauzengeige«)

Stange (im Zusammenhang mit Bier): Schlankes Glas ohne Griff mit 0,3 l Fassungsvermögen für Bier aus Offenausschank

Ster: 1 Ster = 1 Kubikmeter Holz

Tram: Strassenbahn

Trottinett: unmotorisierter Tretroller für Kinder und Erwachsene

Trottoir: Bürgersteig

U-Abo: Monats- oder Jahresabonnement für den öffentlichen Verkehr des »Tarifverbunds Nordwestschweiz«, das zur freien Fahrt in den Kantonen Basel-Stadt und Baselland sowie Teilen von Aargau und Solothurn berechtigt.

Velo: Fahrrad. Die Pro Velo ist die Interessengemeinschaft für Fahrradfahrer

Währschaft: Im Zusammenhang mit Essen: nahrhaft, kräftig

Znüni: kleine Zwischenmahlzeit zwischen Frühstück und Mittagessen

Mord ahoi!

Saladin / Buranaseda / Grießer
Mörderisches vom Rhein?
Krimineller Freizeitführer
281 Seiten, 12 x 20 cm
Paperback
ISBN 978-3-8392-1967-6
€ 11,00 [D] / € 11,40 [A]

Nur scheinbar friedlich gleitet das schmucke Kreuzfahrtschiff »MS Rheinperle« über den beliebtesten Fluss Deutschlands. An Bord: Skurrile Urlauber, eigenwillige Besatzungsmitglieder, zwielichtige Künstler und mindestens ein Hund. Doch auch der Tod hat sich eingeschifft. Schon bevor der Kahn ablegt, gibt es erste Verluste. Ob in Basel oder Breisach, in Mannheim, Mainz, an der Loreley, in Bonn, Köln oder am Niederrhein – das Verbrechen fühlt sich wohl am romantischen Strom!

GMEINER SPANNUNG

WWW.GMEINER-VERLAG.DE
Wir machen's spannend